現代日本語訳

日蓮の観心本尊抄

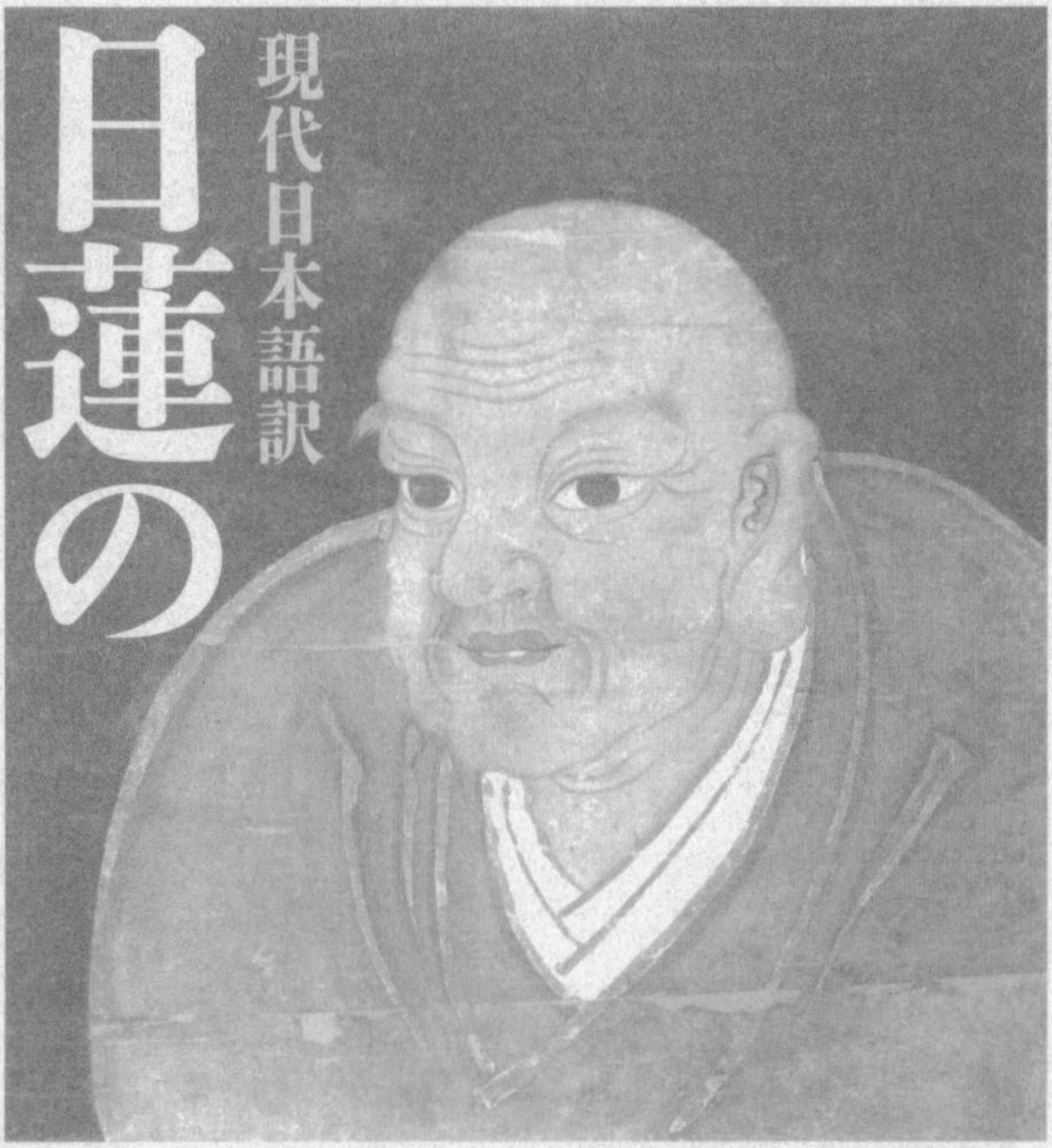

正木 晃

春秋社

はじめに

最も重要

『観心本尊抄』は『立正安国論』とともに、日蓮の思想を、より正確には宗教哲学を、理解するうえで、最も重要です。

『立正安国論』の重要性については、日蓮が入滅の間際まで弟子たちに講義していた事実を見れば、疑いの余地がありません。政治と宗教の関係は、いかにあるべきか。とりわけ『法華経』信仰をもつ者が、国家や権力と、どう向き合うか。これは日蓮の生涯を貫く最大級の課題でした。あえて言えば、『立正安国論』において、日蓮のまなざしは外にそそがれています。なお、『立正安国論』については、すでに現代語訳に解説を付し、『日蓮の立正安国論』（春秋社）として出版しているので、是非お読みいただきたいと思います。

一方、『観心本尊抄』において、日蓮のまなざしは内にそそがれています。具体的に言えば、題目（南無妙法蓮華経）、帰命すべき本尊としての大曼荼羅、『法華経』信仰の真の担い手という、日蓮が是が非でも究めなければならなかった三つの課題を明らかにしています。その結果として、『観心本尊抄』は後世に絶大な影響をあたえたのですから、重要性についていまさら指摘するまでもありません。

最も難解

ただし、『観心本尊抄』は、日蓮の数ある著作の中で、最も難解とも言われます。

日蓮を宗祖とする日蓮宗（法華宗）では、日蓮の著作の中から主要な三つ、すなわち『立正安国論』・『開目抄』・『観心本尊抄』が特に重視され、「三大部」と称されてきました。このうち、『開目抄』と『観心本尊抄』は、時系列から見るといわば連作です。その背景には、処刑寸前だった龍ノ口法難、そして佐渡への流罪という未曾有の危機的状況がありました。この危機的な状況が、日蓮の『法華経』信仰に、劇的な転換をもたらしたのです。

まず『開目抄』では、『法華経』の根本が「一念三千」にあることを明確に主張しましたが、「一念三千」について、徹底的に論じているとは言えません。次いで、『観心本尊抄』では、「一念三千」の典拠となる文献をあげて詳しく論じ、日蓮独自の見解を展開しました。しかし、その見解が従来の説とはいちじるしく異なっているので、広く理解を得るのはとても難しいという認識を、日蓮自身がいだいていました。

たしかに、日蓮の「一念三千」論は独創的です。天台大師智顗にはじまる伝統的な解釈では、「一念三千」とは、わたしたちの一瞬をよぎる心（一念）に、地獄界から仏界にいたる十界はもとより、総計すれば三千もの世間が具備されるという思想です。日蓮はこの思想を継承しつつも、大胆に組み替え、最終的にはわたしたち凡人ひとりひとりの心（己心）に、『法華経』の教主である釈迦牟尼仏がおられるという結論を導き出したのです。

実践法として「南無妙法蓮華経」という題目を提示する部分は、さらに難解です。『法華経』のどこを探しても、「南無妙法蓮華経」と唱えよ、とは説かれていないからです。この点でも日蓮はきわめて独創的です。『法華経』の真意は、釈迦牟尼仏が久遠の仏になるために実践した功徳も、仏となってから教化してきた功徳も、「妙法蓮華経」の五文字に具足されているので、この五文字を受持するならば、釈迦牟尼仏のすべての功徳がわたしたちに譲り渡されると主張しているのです。

そして、帰命すべき本尊としての大曼荼羅、『法華経』信仰の真の担い手について論じる部分も実に独創的で、宗教哲学者としての日蓮の力量と魅力を実感できますが、それがかえって理解を難しくしているところもあります。

現代語訳と解説について

このような最重要でありながら、難解な著作を、予備知識のない方々にも、なんとか理解していただくには、どうしたら良いのか。以下が、わたしが用意した対処法です。

現代語訳については、註釈なしで、全文を読み通せるように工夫しました。知らなければ理解はとてもおぼつかないと判断した用語や人物などを対象に、かなり詳しい説明を、抵抗なく読めるように、脚註や巻末註ではなく、訳文の中に組み込んだのです。この対処法には賛否があるでしょうが、わたしはこの対処法が、歴史をはるかさかのぼる時代に成立した仏典を、現代人に読んで理解していただくためには、絶対に必要と考えています。

それでも、『観心本尊抄』を理解するには十分とは言えません。そこで、これまたかなり詳しい解説を、第一部「執筆の背景」、第二部「思想」として、くわえました。この解説では、最新の研究にもとづき、できるかぎり客観的な記述をめざしました。そのため、日蓮宗の伝統的な解釈と必ずしも整合しないかもしれません。

本書の編集も、前著の『「空」論』や『「ほとけ」論』にひきつづき、豊嶋悠吾さんに担当していただきました。なにしろ難解な著作ですから、以前にも増して厄介な作業をお願いしてしまいました。ありがとうございました、という言葉のほかに、感謝の言葉も見つかりません。

そして、危機的な社会情勢のさなかに、しかも出版不況のつづくさなかに、本書を出版していただいた春秋社の小林公二社長に、あつく御礼申し上げます。

二〇二三年六月二〇日

正木　晃

現代日本語訳

日蓮の観心本尊抄　目次

第Ⅰ部　観心本尊抄　現代語訳

第一段　なぜ題目を唱えるのか……7

第Ⅱ部 解説

現代日本語訳

日蓮の観心本尊抄

第Ⅰ部　観心本尊抄　現代語訳

如来滅後五五百歳始観心本尊抄

著者は日本国の沙門、日蓮であります。

中国における法華経信仰を理論と実践の両面から確立した天台大師智顗《ちぎ》（五三八～五九七）が執筆された『摩訶止観《まかしかん》』の第五巻に、こう記されています。

〔以下の引用文に、わたし（日蓮）があらかじめ説明を加えておきます。三種世間（衆生世間＝生命体・国土世間＝自然環境・五蘊《ごうん》世間＝この世を成り立たせている色（物質）と受想行識《じゅそうぎょうしき》（精神））と、十如是《にょぜ》（十のありのままの真実）＝この世にありとしあるものすべての、ありのままの表面上の形態（如是相《そう》）・ありのままの内在する性質（如是性《しょう》）・ありのままの本体（如是体《たい》）・ありのままの内在する力（如是力《りき》）・ありのままの内在する力が外にあらわれるときの作用（如是作《さ》）・ありのままの結果にまつわる変化の直接的な原因（如是因《いん》）・ありのままの結果にまつわる変化の間接的な原因（如是縁《えん》）・ありのままの直接的な原因と間接的な原因から生じる結果（如是果《か》）・ありのままのその結果がとる具体的なすがた（如是報《ほう》）という以上の九つの要素がいかなる場においても一貫して成立していること（如是本末究竟等《ほんまつくきょうとう》）を、掛け合わせると、三×十なので、三十種世間になります。別々にしたままなら、三世間と十如是となります。これは合一するか、別々のままにするかの違いであって、意味としては同じです〕

わたしたち凡人にもみな心があるが、その一瞬一瞬の心に、十界（地獄界・餓鬼界・畜生界・修羅界・人界・天界・声聞《しょうもん》界・縁覚《えんがく》界・菩薩《ぼさつ》界・仏界）がすべてそなわっている。一つの法界《ほっかい》（領域）に、それぞれ十の法界がそなわっているのだから、百法界になる。一つの法界に、それぞれ三十種類の世間がそなわっているのだから、百界には三千種の世間がそなわっていることになる。この三千種の世間が、わたしたちの一瞬一瞬の心に存在している。もし、わたしたちに心がなければ、こういうことは成り立たない。ほんの微小でも、心があれば、その心にこの三千種の世間がそなわっているのだ。このような理由で、心にそなわっている法界を、常識では理解できない境地というのである。これこそ、もっとも重要なことにほかならない、と。

〔『摩訶止観』の異本には、一つの界に三種の世間がそなわっていると書かれています〕

第一段　なぜ題目を唱えるのか

第一章　一念三千《いちねんさんぜん》こそ天台大師智顗が見出した究極の教え

【一】八つの質問とその回答

（一）質問いたします。天台大師智顗が講義し、弟子の章安大師灌頂《かんじょう》（五六一～六三二）が筆記した『法華玄義《ほっけげんぎ》』に、一念三千という表現はあきらかになっていますか。

お答えいたします。中国天台宗を復興し、第六祖となった妙楽大師湛然《たんねん》（七一一～七八二）が指摘しているとおり、あきらかになっていません。ちなみに、伝教大師最澄《さいちょう》は、湛然の弟子の道邃《どうすい》と行満《ぎょうまん》の二人から、天台法門を授かっています。

（二）質問いたします。天台大師智顗が講義し、弟子の章安大師灌頂が筆記した『法華文句《もんぐ》』に、一念三千という表現はあきらかになっていますか。

お答えいたします。妙楽大師湛然が指摘しているとおり、あきらかになっていません。

（三）質問いたします。では、そのような妙楽大師湛然の註釈は、どこに書かれていますか。

お答えいたします。天台大師智顗があらわした『摩訶止観』に、妙楽大師湛然が註釈した『摩訶止観輔行伝《ふぎょうでん》弘決《ぐけつ》』に、「『摩訶止観』以外には、いまだ一念三千とは説かれていない」などと書かれています。

（四）質問いたします。『摩訶止観』の第一巻から第四巻までに、一念三千という表現があきらかになっていますか。

お答えいたします。いや、あきらかになっていません。

（五）質問いたします。その証拠は、どこに求められますか。

お答えいたします。妙楽大師湛然は、「『摩訶止観』に正しい観法（瞑想法）を説くところで、一念三千を指導の根本とした」などと、述べています。

（六）疑問があります。『法華玄義』の第二巻には、「一つの法界に、自分が今いる法界を除いた九つの法界がそなわっているので、全部で百法界となり、百法界のそれぞれが十のありのままの真実（十如是）のはたらきをそなえているので、全部で千のありのままの真実（千如是）になる」などと書かれています。

『法華文句』の第一巻には、「人間がもつ六つの感覚（眼・耳・鼻・舌・身・意）ならびにその六つの対象（色・声・香・味・触・真理）に、同時に十の法界がそなわっていて、さらに一つの法界ごとに十の法界（地獄界・餓鬼界・畜生界・修羅界・人界・天界・声聞界・縁覚界・菩薩界・仏界）がそなわり、くわえてこれらの十の法界がそれぞれ十のありのままの真実（十如是）のはたらきをそなえているので、総計すると千の法界をそなえていることになる」と書かれています。

天台大師智顗が『法華経』の「観世音菩薩普門品《かんぜおんぼさつふもんぼん》」の大意を解釈した『観音玄義』には、「十の法界が互いを有し合うので、十×十で百の法界となり、その結果、万物の根底をなす千種類の常住不変の本質（性）と表現形（相）が、眼には見えないが、わたしたちの心の底に存在する。わたしたちの感覚器官では認識できないが、厳然としてそなわっている」などと書かれています。

（七）質問いたします。全部で十巻の『摩訶止観』のうち、前の第四巻までに、一念三千という表現はあきらかになっていますか。

お答えいたします。妙楽大師湛然は「あきらかになっていない」と述べています。

（八）なぜ、あきらかになっていないのですか。

お答えいたします。妙楽大師湛然は『摩訶止観輔行伝弘決』の第五巻に、こう述べています。

『摩訶止観』の第五巻において、自己の心の本性を正しく観察してあきらかにする「観心の法（正観《しょうかん》／正修止観《しょうしゅしかん》）」を実践するところを読むと、第一巻から第四巻までは、修行を実際にどうおこなうのか、論じていない。その代わり、「観心の法」を実践する準備段階として、『摩訶止観』の第六巻「方便章《ほうべん》」に説かれる二十五種類の修行（方便業）を実践する。二十五種類の修行とは、以下である。

具五縁《ぐごえん》（戒律の順守・衣食の充実・閑雅な住所・雑務からの離脱・善知識との親交）
呵五欲《かごよく》（視覚・聴覚・嗅覚・味覚・触覚が生み出す欲望からの離脱）
棄五蓋《きごがい》（貪欲・瞋《いか》り・惰眠／意欲の低下・不安／後悔・疑念からの解放）
調五事《じょうごじ》（心・身体・呼吸・睡眠・飲食の制御）
行五法《ぎょうごほう》（積極的な意欲・忍耐強い努力・信念・巧みな智慧・統一された心）

これらの二十五種類の日常的な次元における修行を一つ一つ実践していくことで、理解を深めていく。そうすることで、真理を体得するための手段として役立つ。したがって、『摩訶止観』を構成する全十章のうち、第七章の「正修止観章」より前の六つの章を、理解を深める部分とみなすのである。

また、こうも述べています。

したがって、『摩訶止観』の第七章の「正しく心を観察する方法を説く」段に至って、再び三千の法界という真理をもちいて、わたしたちを教え導くのである。これこそ、天台大師智顗による究極の教えにほかならない。そのゆえに、『摩訶止観』の巻頭に置かれた章安大師灌頂の序文のなかに、これこそ天台大師智顗が心の深奥において悟った仏教の真理が説かれている、と述べられているのである。

これは尋常なことではない。ぜひとも、お願いしたい。この書物の主題を求める者は、どうでも良いことに心を奪われてはならない。真摯《しんし》に一念三千を体得する修行に励みなさい。

【二】天台大師智顗の偉大な足跡

天台大師智顗の布教活動は三十年間におよびました。そのうちの二十九年間は、『法華玄義』や『法華文句』をはじめ、さまざまな講義をなさって、五時八教や百界千如を説きました。

五時八教は五時と八教から構成されます。

五時は、釈迦牟尼《しゃかむに》仏がその一生の間に、前後五回にわたって、もっとも大切な教えを説いたという見解です。具体的には、華厳時《けごんじ》・鹿苑時《ろくおんじ》・方等時《ほうどうじ》・般若時《はんにゃじ》・法華涅槃時《ほっけねはんじ》といいます。

天台大師智顗によれば、菩提樹下で悟りを開いた直後、釈迦牟尼仏は最初に、自分の悟りの内実をそのまま率直に説きました。それが『華厳経《けごんきょう》』です。しかし、難しすぎて、ほとんどの者が理解できませんでした。そこで、いちばんやさしいものから、少しずつ次元を上げていくことにしました。

『華厳経』を説き終わってから十二年間（鹿苑時）は、聖地で名高い鹿野苑というところで、小乗の『阿含経《あごんぎょう》』を説きました。鹿苑時が終わってから八年間（方等時）は、初期の大乗経典、たとえば『維摩経《ゆいまぎょう》』や『勝鬘経《しょうまんぎょう》』などを説きました。初期の大乗経典を説き終わってから二十二年間（般若時）は、『般若経』を説きました。『般若経』を説き終わってから八年間（法華涅槃時）では、『法華経』と『涅槃経』を説き、釈迦牟尼仏は涅槃に入りました。

八教は、釈迦牟尼仏の教えが、内容（化法《けほう》）の点から四つに、また説き方（化儀《けぎ》）の点からも四つに、それぞれ分類できるという見解です。

このうち、内容とは、釈迦牟尼仏の教えは一律ではなく、浅い次元から深い次元の四段階があるという意味です。具体的には、浅い次元から深い次元の順に、蔵教《ぞうきょう》（小乗仏教の教え）・通教《つうぎょう》（小乗仏教と大乗仏教に共通する教え）・別教《べつきょう》（大乗仏教の教え）・円教《えんぎょう》（すべてを包摂する完璧な教え）の四つに分類しています。

説き方とは、教化の対象となる衆生の資質に違いがあるという認識にもとづいて、教化の方法に四段階があるという意味です。具体的には、衆生の資質が低い次元から高い次元の順に、頓《とん》教《ぎょう》（釈迦牟尼仏が真理をそのまま説いた教え）・漸教《ぜんぎょう》（釈迦牟尼仏が衆生の資質に応じて説いた教え）・不定教《ふじょう》（釈迦牟尼仏が同じ教えを説いても、それを聞く衆生は互いにその存在を知らず、教えの理解に相違がある）・秘密教（釈迦牟尼仏が同じ場所で同じ内容の教えを説き、それを聞く衆生は互いにその存在を認識していながら、教えの理解に相違がある）の四つに分類しています。

『華厳経』・『阿含経』・『維摩経』・『勝鬘経』・『般若経』・『法華経』・『涅槃経』を、五時と八教という観点から分類すると、『法華経』以外の経典は、その内容がさまざまな要素を含んでいて、純粋な教えとはいえません。つまり、第五時に説かれた『法華経』だけが、蔵教・通教・別教のいずれも超越し、純粋な円教として成立しています。また、『法華経』だけが、頓教・漸教・不定教・秘密教という四段階の説き方を超越しています。これが『法華経』が純円独妙と称讃される理由であり、最高の経典である証拠にほかなりません。

さらに天台大師智顗が説いた百界千如は諸法実相《しょほうじっそう》、つまりこの世のありのままの真実を表現した言葉です。（六）に説明したとおり、『法華玄義』の第二巻に、「一つの法界に、自分が今いる法界を除いた九つの法界がそなわっているので、全部で百法界となり、百法界のそれぞれが十のありのままの真実（十如是）のはたらきをそなえているので、全部で千のありのままの真実（千如是）になる」などと、また『法華文句』の第一巻に、「人間がもつ六つの感覚（眼・耳・鼻・舌・身・意）ならびにその六つの対象（色・声・香・味・触・真理）に、同時に十の法界がそなわっていて、さらに一つの法界ごとに十の法界（地獄界・餓鬼界・畜生界・修羅界・人界・天界・声聞界・縁覚界・菩薩界・仏界）がそなわり、くわえてこれらの十の法界がそれぞれ十のありのままの真実（十如是）のはたらきをそなえているので、総計すると千の法界をそなえていることになる」と書かれています。

このように、天台大師智顗は、インドから中国に初めて仏教が伝えられた後漢の永平十年（紀元後六七）から、大師が『法華玄義』を講説した隋の開皇十三年（五九三）までの約五百年間に、中国の仏教界において展開されたさまざまな誤った解釈を批判し、さらにインドの仏教哲学者（論《ろん》師《じ》）がまだ論じていなかった教義をあきらかにされたのでした。

章安大師灌頂は、こう述べています。「インドの仏教哲学者たちがあらわした広大な論述ですら、はるかにおよばない内容なので、まして中国の仏教哲学者たちが経典や論書に註釈をくわえた見解など、論じるに足らない。これは別に自慢高慢しているわけではない。そもそも『法華経』という法門がすぐれているからなのだ」

それにしても情けないことに、天台大師智顗の教えを継承する末裔《まつえい》の仏教哲学者たちが、天台大師智顗が確立した一念三千という最高の宝を、華厳宗や真言宗の祖師たちに盗み取られてしまい、いまや逆にかれらの弟子になっています。

章安大師灌頂はこうなることを予想していたらしく、『法華玄義』巻頭の「私記縁起」に、「天台大師智顗の真意が後世に正しく伝えられず、天台宗の後継者たちが他宗派の仏教哲学者に屈服するようなことになれば、将来のためにまことに嘆かわしい」と述べています。

第二章　百界千如と一念三千は、どこが、どう異なるのか

【一】第九ならびに第十の質問とその回答

（九）質問いたします。百界千如と一念三千は、どこが、どう違うのですか。
お答えいたします。百界千如は、心が有るものたち（有情《うじょう》）、つまり人間を含む動物たちだけが

その対象です。しかし、一念三千は、有情だけではなく、心が無いものたち（非情）、つまり山川草木もそなえています。

（十）その答えでは納得できませんので、さらに質問いたします。心が無いものたちも、十のありのままの真実（十如是）をそなえているというのであれば、草や木にも心があって、心が有るものたちと同じように、成仏できるのですか。

お答えいたします。確かに、この見解はとても信じにくく、とても理解しにくいことです。天台大師の見解がとても信じにくく、とても理解しにくいというとき、二つの領域から、検討する必要があります。

一つは、経典の解釈や教理の深い浅いをあきらかにすることで、教えの内容やすべての経典のどこに位置しているかを認識するという方法の領域において、とても信じにくく、とても理解しにくいのです。

もう一つは、みずからの心を観察することで真理を体得するという方法の領域において、とても信じにくく、とても理解しにくいのです。

経典の解釈や教理の深い浅いをあきらかにすることで、教えの内容やすべての経典のどこに位置しているかを認識するという方法の領域において、とても信じにくく、とても理解しにくい理由は、こういうことです。

釈迦牟尼仏お一人の説教をかえりみると、『法華経』以前に説いたもろもろの経典では、仏の教えに接して悟りを開く者（声聞）のための教え（声聞乗）、および仏の教えに接せずに、独自に悟りを開く者のための教え（縁覚乗）という二つの教えに従う者、ならびに生まれつき仏性《ぶっしょう》、つまり成仏できる資質がそなわっていない者（闡提《せんだい》）は、未来永劫にわたり、仏になれないと説かれていはす。また、釈迦牟尼仏ご自身は、この世で初めて悟りを開いたと説かれています。

ところが、『法華経』の前半十四品にあたる迹門《しゃくもん》ならびに後半十四品にあたる本門《ほんもん》では、『法華経』以前に説いたもろもろの経典で説かれていた二つのこと、つまり仏の教えに接して、悟りを開く者のための教え、および仏の教えに接せずに、独自に悟りを開く者のための教えという二つの教えに従う者は未来永劫にわたり仏になれないことも、釈迦牟尼仏ご自身がこの世で初めて悟りを開いたことも、ともに否定されています。なぜなら、この二つの教えに従う者も成仏できると説かれ、釈迦牟尼仏はこの世で初めて悟りを開いたのではなく、無限の過去においてすでに悟りを開き、成仏されていたと説かれているからです。

これでは、釈迦牟尼仏が異なる教えをお説きなったことになってしまい、矛盾《むじゅん》します。あたかも水と火のように、いちじるしい食い違いが生じてしまっています。このようなことを、いったい誰が信じるでしょうか。

以上が、経典の解釈や教理の深い浅いをあきらかにすることで、教えの内容やすべての経典のどこに位置しているかを認識するという方法の領域において、とても信じにくく、とても理解しにくい理由にほかなりません。

次に、みずからの心を観察することで真理を体得するという方法の領域において、とても信じにくく、とても理解しにくい理由は、こういうことです。これは、百界千如と一念三千にかかわる問題です。たとえ心が無いものたちであろうとも、物質的な要素と精神的な要素から構成される十のありのままの真実をそなえているというのです。

理解しにくいかもしれませんが、釈迦牟尼仏や神々の姿を写した木像や画像は、仏教以外の宗教であろうと、仏教であろうと、ともに本尊として崇《あが》めている事実があります。しかも、それを容認する根拠は、天台宗の教義に由来しています。

説明します。木像や画像の原材料は草や木です。その草や木も、物質的な要素と精神的な要素から構成される十のありのままの真実をそなえているからこそ、釈迦牟尼仏や神々の姿を写した木像や画像を、本尊として崇める意味があるのです。したがって、もし、その草や木が、物質的な要素と精神的な要素から構成される十のありのままの真実をそなえていないとすると、釈迦牟尼仏や神々の姿を写した木像や画像を、本尊として崇める意味がないということです。

【二】第十一の質問とその回答

（十一）そう言われても信じられませんので、質問いたします。草や木にも国土にも、物質的な要素と精神的な要素から構成される十のありのままの真実をそなえているということは、いったいどこに説かれているのでしょうか。

お答えいたします。『摩訶止観』の第五巻に、こう述べられています。

生きとし生けるものが住まう自然環境（国土世間）もまた、十のありのままの真実（十如是）をそなえている。悪しき自然環境には、悪しきありのままの表面上の形態（如是相）・悪しきありのままの内在する性質（如是性）・悪しきありのままの本体（如是体）・悪しきありのままの内在する力（如是力）・悪しきありのままの内在する力が外にあらわれるときの作用（如是作）・悪しきありのままの結果にまつわる変化の直接的な原因（如是因）・悪しきありのままの結果にまつわる変化の間接的な原因（如是縁）・悪しきありのままの直接的な原因と間接的な原因から生じる結果（如是果）・悪しきありのままのその結果がとる具体的なすがた（如是報）という以上の悪しき九つの要素がいかなる場においても一貫して成立している（如是本末究竟等）のである。

天台大師智顗の講説を、弟子の章安大師灌頂が整理して書物とした『法華玄義』全十巻に対し、妙楽大師湛然が註釈した『法華玄義釈籤《しゃくせん》』の第六巻に、こう述べられています。

十のありのままの真実（十如是）のうち、最初のありのままの表面上の形態（如是相）は、物質（色）にそなわっている。ありのままの内在する性質（如是性）は、内在していて、表面には現れないので、精神（心）にそなわっている。それに対し、ありのままの本体（如是体）とありのままの内在する力（如是力）とありのままの内在する力が外にあらわれるときの作用（如是作）とありのままの結果にまつわる変化の間接的な原因（如是縁）は、物質と精神の両方を兼ねそなえている。また、ありのままの結果にまつわる変化の直接的な原因（如是因）は、精神にのみかかわる。ありのままのその結果がとる具体的なすがた（如是報）は、物質にのみかかわる。

さらに、妙楽大師湛然は、天台大師智顗の没後、後発の華厳宗や瑜《ゆ》伽行唯識《がぎょうゆいしき》派（法相宗《ほっそうしゅう》）や禅宗に圧倒されて、沈滞を余儀なくされていた天台宗を再興するために、『金剛錍論《こんごうべいろん》』を執筆しています。この著作におけるもっとも重要な主張は、二つあります。一つは、華厳宗の非情には仏性が無いとみなす説に対して、草や木のような、非情も成仏できるとみなします。もう一つは、瑜伽行唯識派の五性各別《ごしょうかくべつ》説、つまり人には生まれつき、菩薩定性《じょうしょう》・縁覚定性・声聞定性・不定性《ふじょうしょう》・無性の五つの別があり、最下位の無性に生まれついたものは、未来永劫にわたって悟れず、成仏できないという説に対し、すべての人が成仏できると主張しています。

その『金剛錍論』に、こう述べられています。

一本の草、一本の木、一個の石、一つの塵、それぞれに一つずつ、ありとあらゆる邪非を離れた中正の真如（正因仏性）がそなわっている。一本の草、一本の木、一個の石、一つの塵、それぞれに一つずつ、因もそなわっていれば、果もそなわっている。一本の草、一本の木、一個の石、一つの塵、それぞれに、真如の理を完璧に了解できる智慧（了因仏性）がそなわっている。一本の草、一本の木、一個の石、一つの塵、それぞれに、真如の理を完璧に了解できる智慧に働きかけて、ありとあらゆる邪非を離れた中正の真如を起動させる善根功徳《ぜんこんくどく》（縁因仏性）がそなわっている。

第三章　『法華経』がしめす十界互具《じっかいごぐ》

【一】観心とは何か

（十二）質問いたします。一念三千が天台大師智顗のお書きになった『摩訶止観』の第五巻において、初めてあきらかにされたことは、これまでの説明で理解できました。

では、一念三千の観心の意義や様相はどのようなものか、お教えください。

お答えいたします。一念三千の観心とは、仏道修行に励む者が、おのおのみずからの心をよく観《かん》察《さつ》して、その心にもともとそなわっている地獄界から仏界までの十の法界にそなわっている物質性や精神性、因と果などの内容や役割を正しく認識することで、悟りに近づくための瞑想《めいそう》に励むことにほかなりません。これを観心というのです。

たとえば、他人の感覚と意識をになっている六つの器官（眼根・耳根・鼻根・舌根・身根・意根＝六根）は、認識の対象にできますが、自分自身の六つの感覚器官は認識の対象にできません。つまり、わたしたちは自分自身の感覚と意識をになっている六つの器官について、じつは何も知らないのです。したがって、わたしたちが自分自身の感覚と意識をになっている六つの器官について、正しく認識するためには、曇りのない鏡に向かい合う必要があります。

それと同じような、さまざまな経典が、あちこちで、地獄・餓鬼・畜生・修羅・人・天から構成される六道《ろくどう》について、ならびに声聞・縁覚・菩薩・仏から構成される四聖《ししょう》について、説いてはいますが、『法華経』と天台大師智顗が説かれた『摩訶止観』などの曇りのない鏡に向かい合わなければ、わたしたちの一瞬一瞬の心に、十界（地獄界・餓鬼界・畜生界・修羅界・人界・天界・声聞界・縁覚界・菩薩界・仏界）がすべてそなわり、一つの法界《ほっかい》（領域）に、それぞれ十の法界がそなわっているので、百法界になり、一つの法界に、それぞれ三十種類の世間がそなわっているので、百界には三千種の世間がそなわっていること、すなわちわたしたちの一瞬一瞬の心に三千種の世間がそなわっていることを理解できません。

【二】 十界互具は『法華経』にはどのように説かれているのか

（十三）質問いたします。十界互具は『法華経』のどこの経文に説かれているのでしょうか。そして、その経文に対して、天台大師智顗はどのように註釈されているのでしょうか。

まず、経文について、お答えいたします。『法華経』の第一巻に納められている「方便品」には、こう説かれています。

如来は、この世の生きとし生けるものすべてに、如来の知見を開示し、心身を浄化させるために、この世に出現なさるからです。如来は、この世の生きとし生けるものすべてに、如来の知見を教えるために、この世に出現なさるからです。如来は、この世の生きとし生けるものすべてに、如来の知見を悟らせるために、この世に出現なさるからです。この世の生きとし生けるものすべてを、如来の知見を実現する道にみちびくために、この世に出現なさるからです。

この言葉は、十界のうち、仏界（如来の領域）を除く九界（地獄界・餓鬼界・畜生界・修羅界・人界・天界・声聞界・縁覚界・菩薩界）にも仏界が具備されていることをしめしています。

その証拠に、「如来寿量品《にょらいじゅりょうほん》」には、こう説かれています。

わたしが悟りを開いて仏となった時点から現在にいたるまでに、百×千×万×億×千億×十の五十六乗劫《こう》もの時間が経過しているのです。その間ずっと、わたしはこの世で、真実の法を説き、生きとし生けるものすべてを教化してきたのです。また、ほかの百×千×万×億×千億

×十の五十六乗もの世界でも、生きとし生けるものすべてに、真実の法を説き、教化してきたのです。

……

このように、如来は如来がなすべきことをつねになしてきたのであって、そうしなかったことは、ただの一度もないのです。

いま述べたとおり、わたしが仏となってから現在にいたるまでには、無限に近い時間が経過しています。この先も、わたしの寿命は無限に近い時間にわたってつづき、涅槃には入りません。

みなさん。わたしが大乗菩薩道を実践した結果、獲得した寿命はいまなお尽きることはなく、残された時間は、成仏してから現在にいたるまでの時間の、さらに倍もあるのです。

また、「提婆達多品《だいばだったほん》」には、地獄界にも仏界が具備されていることが説かれています。

提婆達多は、これから計り知れない時間がすぎたのち、必ず仏になるでしょう。

その名は「神々の王（天王如来）」とよばれ、供養されるにふさわしい方であり、歴史や時間の制約を超えた智慧の持ち主であり、過去世を知り尽くし未来世を知り尽くし煩悩を完全に克服した方であり、完璧な悟りに到達した方であり、聖なる世界のことも俗なる世界のことも知り尽くした方であり、世間の動向にゆるがない最上の智慧と行動の方であり、穏やかな言葉と厳しい言葉を自在に使い分けて修行者を指導する方であり、神々と人間にとって共通の指導者であり、最高の智者であり、世の中の人々から尊敬されるべき方となるでしょう。

その仏がつかさどる世界は、「神々の世界（天道）」とよばれます。

天王如来の寿命は二十中劫の長さにおよび、生きとし生けるものすべてのために、このうえない法を説くでしょう。

その結果、ガンジス河の砂の数にひとしい数の者たちが、自分自身の救いだけを求める者、すなわち阿羅漢《あらかん》の境地を得るでしょう。数え切れない者たちが、師なしに悟りを開こうとする者、すなわち縁覚（辟支仏《びゃくしぶつ》）になろうと発心《ほっしん》するでしょう。ガンジス河の砂の数にひとしい数の者たちが、このうえなく正しい悟りにむかって発心し、いっさいは生じることもなく滅することもないという真理を得て、この境地から絶対にしりぞかないという確信を得るでしょう。

天王如来が涅槃に入ってから、つまり死んでからのち、正しい教えは二十中劫のあいだ、存続するでしょう。

このように、極悪人とされ、地獄界に堕ちたと伝えられる提婆達多ですら、如来になっているのですから、地獄界にも仏界が具備されていることはあきらかです。

さらに、「陀羅尼品《だらにほん》」には、餓鬼界にも十界が具備されていることが説かれています。

羅刹女《らせつにょ》たちは、この詩句をとなえ終えると、釈迦牟尼如来にむかって、こう申し上げました。

「世にも尊きお方。わたしたちもまた身命を賭して、この『法華経』をいちずに信じ、読み、記憶し、修行する者を守護して、安穏な状態にみちびき、もろもろの苦悩から解放し、いかなる毒薬も効かないようにしてあげましょう」

その言葉をお聞きになって、釈迦牟尼如来は羅刹女たちに、こうおっしゃいました。

「すばらしい。すばらしい。『法華経』の経題しか覚えていない者を守護するだけでも、あなたがたが得る福徳ははかり知れません。ましてや、この『法華経』を始めから終わりまですべて信じ、経巻に、花々やお香や瓔珞《ようらく》や抹香《まっこう》や塗香《ずこう》や焼香《しょうこう》やパラソルや音楽をささげて供養し、さらにさまざまな燈明《とうみょう》やバター燈明やいろいろな香油の燈明やジャスミン香油の燈明やチャンパカ香油の燈明やヴァールシカ香油の燈明や蓮華香油の燈明をともすなど、幾百幾千の供養の品々をもって供養する者を守護する意義については、いまさら述べるまでもありません。」

この経文は、餓鬼界に属している羅刹女たちが、『法華経』をかたく信じて実践する者を守護することを説いていますから、餓鬼界にも十界が具備されていることはあきらかです。

「提婆達多品」には、畜生界にも十界が具備されていることが説かれています。

龍王の娘はこう言いました。

「あなたがたは、ご自分の神通力《じんずうりき》をつかって、わたしが仏になるようすをご覧ください。わたしが仏になるのに必要な時間は、世にも尊きお方が宝珠をおうけとりになるのに必要な時間よりも、さらに短いのです」

こう言ってから、龍王の娘は、そこにつどっていた者たち全員が見守るなかで、あっという間に、男性に変容しました。そして、菩薩が果たすべき修行をすべて成し遂げ、南の方にある汚れなき世界（無垢世界）におもむきました。そこで、七宝でできた蓮華にすわって、最高の悟りを開きました。そのすがたは三十二相と八十種好を完備していました。そして、十方の生きとし生けるもののすべてのために、真実の法を説いたのでした。

この経文は、畜生界に属している龍王の娘が最高の悟りを開くということを説いていますから、畜生界にも十界が具備されていることはあきらかです。

「序品」には、こう説かれています。

（無限の時間のなか、釈迦牟尼仏が王舎 城《おうしゃじょう》の霊 山《りょうぜん》において、真理の法をお説きになったとき）戦いの神として名高い阿修羅（アスラ）王も、四人が同席していました。その名前は婆稚《ばじ》阿修羅王、佉羅騫《きゃらけん》駄《だ》阿修羅王、毗摩質多羅《びましったら》阿修羅王、睺羅《らごら》羅阿修羅王といい、それぞれが百×千の配下をひきつれていました。

この経文から、阿修羅たちが属している修羅界に十界が具備されていることはあきらかです。

「法師品《ほっしほん》」にも、阿修羅たちが属している修羅界に十界が具備されていることが説かれています。

そのとき、世にも尊きお方は、薬王菩薩をはじめ、そこにつどう八万の菩薩たちに、こうおっしゃいました。

「薬王菩薩さん。ここにつどう数多くの者たちのなかに、神々、龍王、夜叉《やしゃ》、乾闥婆《けんだつば》、阿修羅、迦楼羅《かるら》、緊那羅《きんなら》、摩睺羅伽《まごらが》、人間、人間以外のもの、出家僧、尼僧、男女の在家修行者、声聞をめざす者、辟支仏《びゃくしぶつ》をめざす者、菩薩をめざす者がいるのを、見ることができますか。

もしも、かれらがわたしの前で、『法華経』の一字でも一句でも聞くならば、あるいはたった一度でもいいから悟りを求めて『法華経』を信仰するならば、わたしはかれらすべてに、予言します。あなたがたは、このうえなく正しい悟りを得るだろう」

この経文からも、阿修羅たちが属している修羅界に十界が具備されていることはあきらかです。

「方便品」には、わたしたち人間が属している人界に十界が具備されていることが説かれています。

如来のために、さまざまな仏像をつくり、彫刻して三十二相をあらわした者たちは、すでに悟りを開きました。あるいは、七宝を素材につかって、仏像をつくった者たちもいました。真鍮《しんちゅう》を素材につかって、仏像をつくった者たちもいました。銅とニッケルの合金を素材につかって、仏像をつくった者たちもいました。銅と金の合金を素材につかって、仏像をつくった者たちもいました。錫と鉛の合金を素材につかって、仏像をつくった者たちもいました。鉛を素材につかって、仏像をつくった者たちもいました。錫《すず》を素材につかって、仏像をつくった者たちもいました。鉄を素材につかって、仏像をつくった者たちもいました。

木材を素材につかって、仏像をつくった者たちもいました。粘土を素材につかって、仏像をつくった者たちもいました。漆《うるし》や膠《にかわ》にひたした布を素材につかって、仏像をつくった者たちもいました。

これらの者たちは、ひとりのこらず、悟りを開きました。

百にもおよぶ福徳の相をそなえた如来のすがたを色とりどりに、みずから描いたり、もしくは画家に描かせた者たちも、ひとりのこらず、悟りを開きました。

遊びで、草や木や筆、あるいは指の爪をつかって、仏像を描いた子供もいました。

これらの者たちは、だんだんと功徳を積み、おおいなる慈悲心をわがものとして、ひとりのこらず、悟りを開き、数多くの菩薩たちを教化し、数えきれない者たちを、悟りへとみちびいたのです。

仏塔を建立し、仏像を造立し、仏画を描き、花々や香料や旗印や宝傘をかざって、心を込めて供養した者たちも、ひとりのこらず、悟りを開きました。

あるいは、音楽を演奏させ、鼓や銅の太鼓を打たせ、法螺貝《ほらがい》や笙《しょう》の笛を吹かせ、琴やハープや琵琶《びわ》を弾かせ、妙なる音楽をかなでさせて供養した者たちも、ひとりのこらず、悟りを開きました。

歓喜の心をいだきながら、大きな声で歌をうたって如来の徳を讃美した者たちも、小さな声で歌をうたって如来の徳を讃美した者たちも、ひとりのこらず、悟りを開きました。


この経文から、わたしたち人間が属している人界に十界が具備されていることはあきらかです。

「序品」には、こう説かれています。


（無限の時間のなか、釈迦牟尼如来が王舎城の霊山において、真理の法をお説きになったとき）仏教に帰依し、仏教の守護神となった帝釈天《たいしゃくてん》（インドラ）が、二万の配下の神々をひきつれて、同席していました。

仏教を邪悪なる者たちから守る役割をはたす名月天、普香天、宝光天、ならびに四天王が、一万の配下をひきつれて、同席していました。

世界を創造して支配し、シヴァ神ともよばれる自在天（イーシュヴァラ）と大自在天（マヘーシュヴァラ）が、三万の神々をひきつれて、同席していました。

この世界（三千大千世界）の主である梵天（ブラフマン）が、尸棄《しき》（頭頂に冠毛のある者／シキー）大梵、光明大梵とともに、二千の配下の神々をひきつれて、同席していました。

また、「譬喩品《ひゆほん》」には、こう説かれています。

神々の王である帝釈天（シャクラ＝インドラ）やサハー（娑婆）世界の王である梵天（ブラフマン）をはじめ、天上界の無数の神々が、天上界の衣服、天上界の曼陀羅華《まんだらけ》、摩訶曼陀羅華などを如来にささげて、供養しました。

ささげられた天上界の衣服は、虚空《こくう》に舞い上がって、まわりつづけました。神々が演奏する幾百幾千幾万の楽の音が、いちどきに虚空に響きわたりました。神々は天上界の花々を数かぎりなく降らせ、こう言いました。

「かつて、世にも尊きお方はヴァラナシーの鹿野園において、初めて真理をお説きになりました。いままた、このうえなく正しくこのうえなく偉大な真理をお説きになろうとしています」と。

こう言うと、神々は、その内容をもう一度、次のような詩句にして、唱えました。

昔、ヴァラナシーの鹿野園において、世にも尊きお方は苦集滅道《くじゅうめつどう》という四聖諦《ししょうたい》をお説きになりました。すなわち、この世はすべて苦である。その苦の原因は飽くことなき愛執である。愛執の絶滅こそ、理想の境地である。理想の境地は、八正道の実践によってのみ得られると教えさとしました。そして、生老病死の苦しみから救い出し、悟りを開かせたのでした。さらに世にも尊きお方は考察をすすめて、この世の森羅万象を構成する色と受と想と行と識という五蘊が生じまた滅するという真理をお説きになりました。

いままたここで、世にも尊きお方はもっともすぐれ、比類を絶したおおいなる真理をお説きになろうとしています。

この真理ははなはだ奥深く、信じきることができる者はごく少ないでしょう。わたしたちは昔から今にいたるまで、何回も何回も世にも尊きお方の説法を聞いてまいりましたが、そのわたしたちですら、このような深くすぐれた真理を聞いたことがありません。世にも尊きお方がこの真理をお説きになるのをまのあたりにして、わたしたちはみなそろって、随喜の涙に暮れております。

智者のなかの智者というべき舎利弗《しゃりほつ》が、未来世において如来になるだろうと、世にも尊きお方はいままさに予言されました。

わたしたちもまた、同じように、必ずや如来となり、ありとあらゆる世界において、このうえなく尊く、これ以上はない境地に到達するでしょう。

悟りへとつづく道は、想像を絶しています。でも、世にも尊きお方はいろいろな方便を駆使して、わかりやすく教えてくださいます。

わたしたちは、それが現在世においてであろうと、あるいは過去世においてであろうと、自分たちがなした善なる行為をすべて、さらに世にも尊きお方のお姿をまのあたりにした功徳をすべて、悟りへとつづく道に回向《えこう》いたします。

これら二つの経文から、神々が属している天界に十界が具備されていることはあきらかです。

「譬喩品」には、声聞界に十界が具備されていることも説かれています。

舎利弗。わたしはかつてあなたに、仏道にむかう心を起こさせました。ところが、いま、あなたはそれを完全に忘れてしまい、もう自分は涅槃に入ったと思い込んでいます。わたしはあなたに過去の本願や修行を思い出させようと考えて、自分自身の救いしかもとめていない声聞たちのために、この大乗仏典の「妙法蓮華」・「教菩薩法」・「仏所護念」とよばれる経典を、いままさに説こうとしているのです。

舎利弗。まったく想像することもできないくらい時間が経過した未来世において、膨大な数の如来たちに心からまごころを尽くしてお仕えし、正法《しょうぼう》をたもちつづけ、菩薩としてなすべき修行をすべて成し遂げたとき、あなたは必ずや如来となるでしょう。

その名は華光《けこう》如来・応供《おうぐ》・正偏知《しょうへんち》・明行足《みょうぎょうそく》・善逝《ぜんぜい》・世間解《せけんげ》・無上士《むじょうし》・調御丈夫《じょうごじょうぶ》・天人師《てんにんし》・仏・世尊、すなわち「紅蓮の光明ある如来であり、供養されるにふさわしい方であり、歴史や時間の制約を超えた智慧の持ち主であり、過去世を知り尽くし未来世を知り尽くし煩悩を完全に克服した方であり、完璧な悟りに到達した方であり、聖なる世界のことも俗なる世界のことも知り尽くした方であり、世間の動向にゆるがない最上の智慧と行動の方であり、穏やかな言葉と厳しい言葉を自在に使い分けて修行者を指導する方であり、神々と人間にとって共通の指導者であり、最高の智者であり、世の中の人々から尊敬されるべき方」とよばれるはずです。

また、あなたが治める仏国土は離垢《りく》、すなわち「いっさい汚れがないところ」とよばれるはずです。そこは真っ平らで、清浄で、立派で、安穏で、豊穣で、神々と人間に満ちあふれています。地面はラピスラズリでできていて、八本の大きな道が通っています。通りは黄金のロープでくぎられ、そのかたわらには七宝でできた樹木が生えていて、季節を問わず、実がなっています。

この仏国土で、華光如来は、真理へといたる三つの乗り物という説き方で、生きとし生けるものすべてに、真理を説くでしょう。舎利弗。かの華光如来が出現する時代は悪世ではありませんが、本願ゆえに、真理へといたる三つの乗り物という説き方で、真理を説くでしょう。

華光如来が出現する時代は大宝荘厳《だいほうしょうごん》、すなわち「大きな宝で飾られた（時代）」とよばれるはずです。なぜ、大宝荘厳とよばれるのかというと、その仏国土では、菩薩こそ最高の宝だとみなされているからです。

この経文から、舎利弗が属している声聞界に十界が具備されていることはあきらかです。

「方便品」には、縁覚界に十界が具備されていることが説かれています。

（舎利弗は迦牟尼如来に詩句をもって、こう懇願しました）

（辟支《びゃくし》仏《ぶつ》とも呼ばれ、師なしに悟りを開こうとする）縁覚の道をもとめる者たちも、出家僧も尼僧も、神々も、さらには乾闥婆などの天龍八部衆も、互いに顔をみあわせて疑問を語りあい、二本の足で立つものたちのなかでいちばん尊いお方を仰ぎ見ています。「これはいったい、どういうことなのですか。ぜひとも説明してください」と願って。

あなたは、声聞たちのなかで、わたし舎利弗こそ、もっともすぐれたものであるとおっしゃいました。そのわたしですら、いくら智慧をふりしぼっても、疑惑を晴らすことができません。

「これは究極の真理なのだろうか。これは正しい修行の道なのだろうか」と。

如来の口からお生まれになったお方よ。わたしたちは合掌し、仰ぎ見て、待っております。

お願いですから、このうえなく美しいお声で、ほんとうのことをお話しください。

ここには、神々や天龍八部衆たちが、ガンジス河の砂の数ほどもつどっております。最高の境地をめざす菩薩たちも、八万おります。また、億どころではないくらい多くの国々から、仏教に帰依した王たちも来ております。みな合掌し、敬意をいだいて、修行を完成する道をお聞きしようとしております。


この経文から、縁覚界に十界が具備されていることはあきらかです。

「如来神力品《にょらいじんりき》」には、菩薩界に十界が具備されていることが説かれています。


そのとき、大地の裂け目から湧出してきた、一千個の世界をかたちづくる原子の数にひとしい数の菩薩たちが、みないっせいに、釈迦牟尼仏にむかって一心に手を合わせ、尊いお顔を仰ぎ見て、こう申し上げました。

「世にも尊きお方。あなたが入滅されたあと、あなたの分身がおられる仏国土において、わたしたちは、多くの者に、この経典を説きます。あなたが入滅されたところなら、どこであろうと、わたしたちは、多くの者に、この経典を説きます。

なぜかと申しますと、わたしたちは、このまことにきよらかで、偉大な真理を体得したので、いちずに信じ、読み、記憶し、解きあかし、書き写して、この経典を供養したいとねがっているからです」

この経文から、菩薩界に十界が具備されていることはあきらかです。

「如来寿量品」には、仏界に十界が具備されていることが説かれています。

みなさん。如来が語ったことをしるした経典は、生きとし生けるものすべてを救おうとするためにあるのです。

如来は、自分のすがたをしめすこともあれば、他人のすがたを借りることもあります。また、自分のことを論拠にすることもあれば、他人のことを論拠にすることもあります。これらの言葉はすべて真実であって、嘘はまったくありません。

この経文から、仏界に十界が具備されていることはあきらかです。

【三】十界互具が信じられない

（十四）質問いたします。『法華経』に十界互具が説かれていることはよくわかりました。しかし、疑問があります。自分の顔や他人の顔に眼・耳・鼻・舌・皮膚・心という六根が具備されていることは、誰でも納得できます。ところが、自分の心に十界が具備されているとか、他人の心に十界が具備されているということは、確かめようがありません。したがって、どうして信じられましょうか。

質問にお答えいたします。たしかに『法華経』の「法師品」には、難信難解《なんしんなんげ》として、こう説かれています。

釈迦牟尼如来はふたたび薬王菩薩に、おっしゃいました。

「わたしが説く経典の数は、千×万×億にものぼります。過去に説きましたし、現在も説いていますし、未来も説くでしょう。そのなかで、この『法華経』こそ、もっとも信じがたく、もっとも理解しがたいものです。」

また、「見宝塔品」には、六難九易《ろくなんくい》として、こう説かれています。

みなさん。よくよくお考えなさい。この『法華経』を説きあかすのは、すこぶる困難なことなのです。だからこそ、いま、大いなる誓願をお立てなさい。

もし、『法華経』以外の経典を、ガンジス河の砂の数に等しいくらい多く説いたところで、『法華経』を説きあかすことに比べれば、すこぶる簡単なことです

もし、宇宙の中心にそびえるという須弥山《しゅみせん》を引っこ抜いて、はるかかなたにある無数の仏国土のほうへ投げたところで、『法華経』を説きあかすことに比べれば、すこぶる簡単なことです

もし、足の指で三千大千世界を動かし、はるかかなたにある無数の仏国土のほうへ投げたと

ころで、『法華経』を説きあかすことに比べれば、すこぶる簡単なことです
もし、有頂天《うちょうてん》、すなわち下から順番に欲界・色界・無色界とつづく三界のうち、もっともすばらしい無色界の最高所に立って、生きとし生けるものすべてのために、数限りない経典を説法したところで、『法華経』を説きあかすことに比べれば、すこぶる簡単なことです
しかし、もし、わたしが完全な涅槃に入ったのちの、恐怖に満ちた時代において、『法華経』を説きあかすならば、それはそれはたいしたことです。
もし、虚空界を全部、手のなかに入れたまま、あちこち遍歴しても、『法華経』を説きあかすことに比べれば、すこぶる簡単なことです
しかし、もし、わたしが完全な涅槃に入ったのち、『法華経』を自分自身で書き写したり、あるいはだれかに書かせたりするならば、それはそれはたいしたことです。
もし、大地を自分の足の爪のうえに置いて、そのまま梵天がいるところまで昇っていったとしても、『法華経』を説きあかすことに比べれば、すこぶる簡単なことです
しかし、もし、わたしが完全な涅槃に入ったのちの、恐怖に満ちた時代において、たった一瞬でも『法華経』を読むならば、それはそれはたいしたことです。
この世が燃え尽きて終わるとき、乾ききった草を背負ったまま、業火《ごうか》のなかに入って焼けないとしても、『法華経』を説きあかすことに比べれば、すこぶる簡単なことです
しかし、もし、わたしが完全な涅槃に入ったのちの、恐怖に満ちた時代において、『法華経』

をいちずに信じて、たった一人にたいしてでも説くというのであれば、それはそれはたいしたことです。

もし、八万四千あるという法門をすべて信仰し実践したうえで、経典の形態をその形式と内容から十二種類に分類した十二部経、すなわち教えをふつうの文章で述べる「経」、それを詩句でもう一度説く「偈《げ》」、仏弟子の未来について語る「授記《じゅき》」、詩句のかたちで教えを語る「伽陀《かだ》」、如来がおもいのままに教えを語る「優陀那《うだな》」、仏弟子の過去世を語る「如是語／本事《ほんじ》」、如来の過去世を語る「本生《ほんしょう》」、広大な教えを説く「方広《ほうこう》」、如来の神秘性や功徳を語る「未曾有法《みぞうほう》」、経典や戒律のゆらいを語る「因縁／尼陀那《にだな》」、如来の教えをたとえ話にして語る「譬喩」、如来の教えを解説する「優婆提舎《うばだいしゃ》／論議」を、ことごとく信仰し実践して、多くの者たちのために説きあかし、それを聞いた者に、世界中どこでも透視できる天眼通《てんげんつう》、自分と他人の過去世を知る宿命通《しゅくみょう》、煩悩を断絶して悟りを得る漏尽通《ろじん》、空中飛行できる神足通《じんそく》、世界中の声を聞ける天耳通《てんに》、他人の心中を知る他心通《たしん》という六つの神通力を獲得させたとしても、『法華経』を説きあかすことに比べれば、まだまだずっと簡単なことです。

しかし、わたしが完全な涅槃に入ったのち、この『法華経』をいちずに信じつづけるとすれば、それなそれはたいしたことです。

わたしは悟りを開いてから、こんにちにいたるまでずっと、数限りない仏国土において、いろいろな経典を説いてきました。そのなかでも、この『法華経』こそ、最高の経典なのです。

ですから、もし、この『法華経』をいちずに信じつづけることができれば、必ずや如来の身体を得られるのです。

みなさん。わたしが完全な涅槃に入ったのち、いったいだれがこの『法華経』をいちずに信じ、読んだり、記憶したりするのでしょうか。いまこそ、わたしの目の前で、「わたしがいたします」と誓いなさい。

この『法華経』を信仰し実践するのは、まことには困難です。ですから、ほんの一瞬であろうと、信仰し実践する者がいるとすれば、わたしにとって、それにまさる喜びはありません。この点は、ほかの如来たちもまったく変わりません。『法華経』を信仰し実践する者は、如来たちからお褒めの言葉をかけていただけるのです。

『法華経』を信仰し実践する者は、真の勇者です。『法華経』を信仰し実践する者は、真に精進努力する者です。『法華経』を信仰し実践する者は、その行為をもって、戒律を順守する者であり、貪欲を克服する修行（頭陀行《ずだぎょう》）の実践者である、と認定されるのです。そして、だれよりもはやく、このうえなく正しい悟りを得るのです。

未来世において、この『法華経』をいちずに信じ、読んだり、記憶したりする者こそ、如来のまことの子どもであり、心の完璧な制御に成功した境地（淳善地）に安住する者となるのです。

わたしが完全な涅槃に入ったのち、『法華経』の真意を解き明かす者がいるとすれば、その者は、神々や人々をふくむ、この世の生きとし生けるものすべての眼となるにちがいありません。

わたしが完全な涅槃に入ったのちの、恐怖に満ちた時代において、『法華経』をたとえ一瞬でも説く者があれば、その者は、神々や人々をふくむ、この世の生きとし生けるものすべてから、必ずや尊敬されるでしょう。

天台大師智顗も、『法華文句』巻第八上において、「二門悉与昔反難信難解（『法華経』が説く二門、つまり声聞乗も縁覚乗も成仏できるという二乗作仏を説く迹門の教えも、釈迦牟尼仏は無限の過去世ですでに悟りを開いていた久遠実成《くおんじつじょう》の仏であると説く本門の教えも、『法華経』以前に説かれた教え、つまり声聞乗と縁覚乗は永遠に成仏できないと説く二乗永不成仏という教え、および釈迦牟尼仏は今生で初めて悟りを開いた仏であるという始成正覚の教えとは正反対なので、信じ難く理解し難いのです）」（大正新脩大蔵経　第三十四巻　一一〇頁）と解釈されています。

章安大師灌頂も同じように、天台大師智顗が臨終時に後述したと伝えられる『観心論疏《かんじんろんしょ》』において、「仏将此為大事。何可得易解耶（釈迦牟尼仏がこれこそもっとも大事な教えとされたのですから、簡単に理解できるはずがありません）」（大正新脩大蔵経　第四十六巻　六〇九頁）などと述べられています。

伝教大師最澄も、著作の『法華秀句《ほっけしゅうく》』の「仏説諸経校量勝《きょうりょうしょう》」五において、「この『法華経』はもっとも信じ難く理解し難い。なぜならば、釈迦牟尼仏が本意をそのままに説いたからである」と述べています。

そもそも、釈迦牟尼仏が在世の頃、説教の対象になっていたのは、釈迦牟尼仏の説教を聞いて生きているうちに悟りを開く人々、および釈迦牟尼仏の説教を聞いて縁を結び来世で悟りを開く人々でした。これらの人々は、「化城喩品《けじょうゆほん》」や「如来寿量品」に説かれているとおり、五百×千×万×億×千億×十の五十六乗の三千大千世界を、だれかが粉々に砕いて原子にし、その原子のうちの一個を手に持って、東の方向にむかい、五百×千×万×億×千億×十の五十六乗もある仏国土を通り越してから、その原子を置く。このようにして、すべての原子を全部、置き終わったとしても、まだ終わらないくらい膨大な時間（三千塵点劫《じんてんごう》）をさかのぼる過去世において、大通智勝如来《だいつうちしょうにょらい》（偉大な神通の智慧をもちいて勝利する如来）のもとで、『法華経』の説教を聞いたほど、過去世で善業を積みかさねてきたのです。そのうえ、これらの人々は、「見宝塔品《けんほうとうほん》」に説かれているとおり、釈迦牟尼仏と多宝如来、そして釈迦牟尼仏がありとあらゆる世界にあまねく派遣していた無数の分身仏という、三種の仏が勢揃いした場に居合わせたのです。さらに、これらの人々は、「従地涌出品《じゅうじゆじゅっぽん》」に説かれているとおり、娑婆《しゃば》世界のいたるところに地震が起こって大地が裂け、そのなかから出現した無数の菩薩たち（地涌の菩薩）はもとより、「序品」に説かれているとおり、文殊《もんじゅ》菩薩や弥勒《みろく》菩薩といった立派な方々が力添えして、『法華経』を信じるように諫《いさ》められていました。

ところが、それでも、これらの人々は、『法華経』を信じることができませんでした。その証拠に、「方便品」に説かれているとおり、五千人もの出家僧と尼僧と男女の在家修行者が釈迦牟尼仏の説教されていた場から立ち去っています。また、「見宝塔品」に説かれているとおり、釈迦牟尼仏はありとあらゆる世界からおとずれる如来たちのお坐りになる環境を清浄にととのえるために、『法華経』を信じられない神々や人々などを、他の仏国土へ移しています。

このように、釈迦牟尼仏がこの世におられた時代ですら、『法華経』を信じられない人々がいくらでもいたのです。ましてや、釈迦牟尼仏が入滅されてしまった後の正法《しょうぼう》の時代、すなわち正しい教えと正しい教えにもとづいて修行する者とその結果として悟りが三つともあった時代、ならびに像法《ぞうぼう》の時代、すなわち正しい教えと正しい教えにもとづいて修行する者がいてももはや悟りを開けない時代になると、『法華経』を信じられない人々はさらに増えてしまいました。さらに、今わたしたちがいる末法《まっぽう》の時代は、正しい教えもなければ、正しい教えにもとづいて修行する者もいなくなり、悟りとはなんの縁もなくなってしまっているのですから、『法華経』を人々が信じられないというのも無理はありません。

それにもかかわらず、あなたが『法華経』をたやすく信じられるとおっしゃるならば、逆に『法華経』は正法ではないことになってしまいます。

【四】人界に十界が具備されている証拠はあるのか

（十五）質問いたします。わたしたち凡人の劣った心にも十界が具備されていること、そしてそれを信じることがとても難しいことについては、『法華経』の経文に照らしても、また天台大師智顗ならびにその弟子の章安大師灌頂が『法華経』に対しておこなった註釈に照らしても、疑問の余地はありません。

ただし、『法華経』の経文も註釈も、たとえていうならば、火を水といい、墨を白いというようなもので、たとえ釈迦牟尼仏の教えであっても、腑に落ちたとはいえません。

現に、他人の顔をいくら見ても、自分自身の顔をいくら見ても、見えるのは人間界だけにすぎず、他の世界の様相を見ることはできません。同じように、他人の顔をいくら見ても、他の世界の様相を見ることはできません。この体験からすると、十界互具を信じなさいといわれても、とうてい無理です。

質問にお答えいたします。他人の顔を繰り返し見ていると、喜びに溢れているときもあれば、怒りに燃えているときもあります。平静なときもあれば、貪欲な心があからさまになっているときもあります。真理を理解する能力に欠けているとしか思えない表情のときあれば、媚びへつらっているとしか思えない表情のときもあります。

じつは、これらの表情こそ、人界に十界が具備されていることをあらわしているのです。怒りの表情は地獄界にあたります。貪欲の表情は餓鬼界にあたります。愚鈍の表情は畜生界にあたります。媚びへつらいの表情は修羅界にあたります。喜びの表情は天界にあたります。平静な表情は人界にあたります。このとおり、他人の顔の表情という具体的な様相から、人界に十界が具備されていることがわかります。

声聞界・縁覚界・菩薩界・仏界から構成される聖なる世界は、具体的な様相として肉眼では捉えられず、心眼でも捉えられませんが、詳しく尋ね求めていけば、必ずあるのです。

（十六）質問いたします。地獄界から天界までの六つの世界が、それぞれ自身の心に具備されていることは、明確とまではいえないものの、以上のように説明されると、それなりに理解できます。しかしながら、声聞界・縁覚界・菩薩界・仏界から構成される聖なる世界も、詳しく尋ね求めていけば、必ずあるといわれても、まったく見えないのですから、納得できません。この件については、どうなっているのでしょうか。

質問にお答えいたします。あなたは、わたしが説明する前は、人界に六つの世界が具備されていることを疑っていました。ところが、経文から根拠を見つけ出し、道理をもってわたしの見解が正しいことを強く主張したところ、だいたい納得できたとおっしゃった。したがって、声聞界・縁覚界・菩薩界・仏界から構成される聖なる世界が、人界に具備されていることも、同じように納得すると思います。

そこで試みに、この世で通用している道理にもとづいて、せいぜい万分の一にしかならないかもしれませんが、説明してみましょう。

この世が無常であることは、人界にある誰の眼にも明らかです。そもそも、この世が無常であることは、声聞と縁覚が彼らなりの悟りをめざすうえで、必須となる観察の課題です。とすれば、この世が無常であることを皆が理解している人界に、声聞界と縁覚界の二つの世界が具備されていないといえるわけがありません。

自己の行動も世間の良識もまったく顧みることのない悪人ですら、妻や子を慈しみ愛する心をもっています。これは、人界が、たとえ僅かであれ、菩薩界を具備している証拠にほかなりません。

ただし、仏界だけは、その特徴が人界にあらわれがたいゆえに、認識はきわめて困難です。そこで、ここまで説明してきたとおり、人界には九つの世界が具備されていることを根拠として、残りの一つの世界である仏界も人界に具備されていると推察してください。そして、人界に仏界が具備されていると心の底から信じ、けっして疑ってはなりません。

この件は、『法華経』の経文から確認できます。人界に仏界が具備されていることは、「方便品」に説かれている「如来は、ひたすら菩薩を教化されるのです。それは、如来の知見を、この世の生きとし生けるものすべてに、教えさとそうとなさるためなのです。この世の生きとし生けるものすべてに、如来の知見を悟らせるためなのです。この世の生きとし生けるものすべてを、如来の知見を実現する道にみちびくためなのです」という経文からわかります。

また、『法華経』が説かれたときにその場に居合わせなかった者たちのために、『法華経』が説かれたときに立ちもどって、『法華経』の真意を説く経典が、『涅槃経』です。その「如来性品《にょらいしょう》」には「大乗仏教を学ぶ者は、たとえ凡人の肉眼であっても、仏教の真理を見るのだから、仏眼をもっているとみなしていい」と述べられています。

要するに、これらの教えによれば、わたしたちのような、末代に生まれあわせ、資質の劣悪な凡人が、『法華経』を信じるのは、人界に仏界が具備されている、なによりの証拠といえるのです。

【五】人界に仏界が具備されている具体的な事例

（十七）質問いたします。十界互具という言葉の意味は、これまでの説明であきらかになりました。しかし、わたしたちのような凡人の心に、仏界が具備されているという教えは、そう簡単には信じられません。とはいえ、人界に仏界が具備されていることを信じられなければ、仏教の真理を信じる心を失ってしまい、絶対に成仏できない最悪の大罪人（一闡提《いっせんだい》）となってしまうでしょう。そこで、大いなる慈悲の心を起こしていただき、わたしたちのような凡人の愚かな心にも、崇高な仏界が具備されていることを、よくよく納得させ、信じさせてください。そして、絶対に成仏できない最悪の大罪人となって、ありとあらゆる地獄の中でも最悪の無間《むけん》地獄に堕ちて苦しみつづけることのないように、お救いください。お守りください。

質問にお答えいたします。あなたはすでに、『法華経』の「方便品」に、「如来は、たった一つの大きな仕事（唯一大事の因縁）を成し遂げるために、この世に出現なさる。具体的にいうと、如来は、この世の生きとし生けるものすべてに、如来の知見を開示し、心身を浄化させるために、この世に出現なさる。如来は、この世の生きとし生けるものすべてに、如来の知見を教えるために、この世に出現なさる。如来は、この世の生きとし生けるものすべてに、如来の知見を悟らせるために、ここの世に出現なさる。この世の生きとし生けるものすべてを、如来の知見を実現する道にみちびくために、この世に出現なさる」（四仏知見の文）と説かれているのを見聞きしているはずです。

もし、この経文を信じられないというのであれば、釈迦牟尼仏が入滅された後に、釈迦牟尼仏に代わって、人々を悟りへみちびく指導者たちが、あなたを不信から救い出して守ることはできません。なぜなら、かれらは、釈迦牟尼仏とは比較にならないくらい、徳の薄い指導者たちだからです。たとえば、小乗仏教の指導者である四段階（初依・二依・三依・四依）の菩薩たち、大乗仏教の指導者である四段階の菩薩たち、迹門の指導者である四段階の菩薩たち、本門の指導者である四段階の菩薩たちが、あなたを不信から救い出して守ることはできません。ましてや、末世に生まれあわせ、六つある修行者の段階（六即位）のうちで最下位の理即《りそく》、すなわち理屈のうえではわたしたちに仏性があることを理解しているものの、修行がまだ進まず、相変わらず生まれかわり死にかわりを繰り返し、菩薩たちに比べてもさらに徳の薄いわたしたちが、あなたを不信から救い出して守ることはできません。

しかし、こういう事態は想定できます。人々が仏の教えを聞く能力も縁も、多種多様です。たとえば、仏がこの世に出現しているときに、せっかく仏にお会いしていながら、悟りを開けない者がいます。そうかと思うと、『涅槃経』の「憍陳如《きょうじんにょ》品」に説かれているとおり、仏弟子のアーナンダ（阿難）尊者などの指導を受けて、悟りを開いた者もいます。

そもそも、凡人が仏の教化を受けて悟りを開くにあたっては、二つの可能性があります。一つは、仏にじかにお会いする機会を得て、教化を受け、さらに『法華経』に出会って、悟りを開くという可能性です。もう一つは、仏にじかにお会いする機会はないけれども、『法華経』に出会って、悟りを開くという可能性です。

また、仏教が中国に伝えられる前に広まっていた道教の信仰者やインドの外道たちのなかには、儒教や道教、あるいはインドの外道たちが最高の聖典として崇めてやまない『リグ・ヴェーダ』『サーマ・ヴェーダ』『ヤジュル・ヴェーダ』『アタルヴァ・ヴェーダ』などにふれることをきっかけとして、仏教の根本に目覚める者もいます。

そして、すぐれた智慧をもち、仏の教えを素直に受けいれられる菩薩や人々などが、『華厳経』や『方等経（勝鬘《しょうまん》経・維摩《ゆいま》経など）』や『般若経』などの大乗経典を見聞したことが縁となって、「化城喩品」に説かれているとおり、五百×千×万×億×千億×十の五十六乗の三千大千世界を、だれかが粉々に砕いて原子にし、その原子のうちの一個を手に持って、東の方向にむかい、五百×千×万×億×千億×十の五十六乗もある仏国土を通り越してから、その原子を置く。このようにして、すべての原子を全部、置き終わったとしても、まだ終わらないくらい膨大な時間（三千塵点劫）をさかのぼる過去世において、大通智勝如来から授かった結縁が花開き、実を結ぶこともよくあります。「如来寿量品」に説かれているとおり、三千塵点劫のさらに約千七百万倍もの膨大な時間（五百億塵点劫）をさかのぼる過去世において、釈迦牟尼仏から授かった『法華経』という仏の種が芽吹き、花開くこともよくあります。

それはちょうど、独覚（縁覚）が、その名が示すとおり、誰からも教えられず、たった独りで、花が開いたり葉が散ったりするのを眼にしたことをきっかけとして、独覚なりの悟り（空観《くうがん》）を開くようすに似ています。『法華経』以外の教えによって、悟りを開くというのは、こういうことです。

ところが、過去世において、釈迦牟尼仏から『法華経』という仏の種を授からなかった者、大通智勝如来から結縁を授からなかった者、『法華経』が説かれる前に準備的な意味で仮に方便として説かれた大乗経典（権教《ごんきょう》）や小乗仏教の経典に執着している者は、たとえ『法華経』に出会ったとしても、権教や小乗仏教の経典に説かれている見解から抜け出られません。なぜなら、自分の見解こそ正しいとかたくなに固執するあまり、『法華経』も、小乗仏教の経典と同じだとみなしたり、『華厳経』や『大日経』と同じだとみなしたりするからです。あるいは、『法華経』を小乗仏教の経典や『華厳経』や『大日経』よりも下に位置づけたりするからです。

要するに、こういうことをする指導者は、儒教や外道の賢人や聖人よりも劣った者たちなのですが、相手にするのも阿呆らしいので、これ以上は論じません。

十界互具という教えを定立するのは、あたかも石の中に火が潜在しているとか、樹木の中に花が潜在していると主張するようなもので、信じるのはすこぶる難しいと思います。しかし、石を打てば火花が散るように、時期が来れば樹木から花が咲くように、縁に応じて実現するのを体験するならば、信じないわけにはいきません。

たしかに、人界に仏界が具備されているという教えは、石の中に火が潜在しているとか、樹木の中に花が潜在しているると主張する話どころではありません。まるで、水の中に火が潜在しているとか、火の中に水が潜在していると主張するようなもので、これほど信じがたいことはありません。

しかし、龍は水の中で火を吐き出すというではありませんか。また、龍は火の中から水を吐き出すというではありませんか。いかにも納得しがたいことですが、現実に証拠があるのならば、信じないわけにはいきません。

今や、あなたは、これまでの対話のなかで、人界に地獄界から縁覚界までの八つの世界が具備されていることを信じるにいたっています。とすれば、人界に仏界が具備されていることを、なぜ、信じられないのですか。

古代中国に例をとれば、堯《ぎょう》や舜《しゅん》などの聖人は、すべての人民に対して、平等な態度で接したので、すべての人民に対する慈愛にかたよりが全然なかったと伝えられます。これは、人界に仏界が、たとえ僅かであれ、具備されている証拠にほかなりません。

『法華経』の「常不軽菩薩品《じょうふきょうぼさつ》」に登場する常不軽菩薩は、道を行く人に出会うたびに、合掌して、礼拝しました。なぜなら、常不軽菩薩はすべての人に、生まれつき具備されている仏の身体を見出したからです。

また、シッダッタと呼ばれていた出家前の釈迦牟尼仏は、人の身体をもつ者として生まれ、やがて修行に励み、ついに仏の身体を成就したではありませんか。

このように、現実に数々の証拠がある以上は、人界に仏界が具備されているという十界互具、ならびに一念三千の教えを信じざるを得ないのです。

第四章　「南無妙法蓮華経」という妙法五字を受持する意義

【一】凡夫の心に仏の心や身体が具備されているとは、どうしても信じられない（十八）質問いたします。仏教の開祖、釈迦牟尼仏は〔ここからは門外不出として、絶対に口外してはなりません〕成長の過程で育まれる思想上の迷いにも生まれつきもっている感性や感情の迷い（見思《けんし》の惑）をすでにお断ちになり、菩薩が生きとし生けるものを教化するうえで障害となる迷い（塵沙《じんしゃ》の惑）をすでにお断ちになり、ありとあらゆる煩悩の根源にある無知（無明《むみょう》の惑）をすでにお断ちになった仏であられます。

また、ありとあらゆる世界の統治者であり、すべての菩薩、すべての声聞と縁覚、すべての人々、すべての神々の主君であられます。

歩み行くときは、インド神界において最高位にある梵天（ブラフマン）が左に付き従い、帝釈天（インドラ）が右に侍《はべ》ります。比丘と比丘尼と男女の在家信者たち（四衆）はもとより、仏教の護法神を自任する天龍八部衆（天衆・龍衆・夜叉衆・乾闥婆《けんだつば》衆・阿修羅衆・迦楼羅《かるら》衆・緊那羅《きんなら》衆・睺摩羅伽《まごらが》衆）が後に付き従い、密迹《みっしゃく》金剛神と那羅延《ならえん》金剛神の二大金剛力士（仁王）が道案内として前を歩みます。

そして、八万四千の教えを余すところなく説きあかし、生きとし生けるものすべてを輪廻転生《りんねてんしょう》から救い出して悟りに導きました。このような尊い仏が、わたしたち凡人独り独りの心（己心）に住んでおられるとは、とても思えません。


㈠また、『法華経』の迹門の主張、ならびに『法華経』が説かれる前に説かれていた経典の主張にもとづいて論じるならば、仏教の開祖、釈迦牟尼仏は、この世に生まれ、修行を積み、始めて悟りを開かれた仏です。過去世において（因時）、悟りを開くために積み重ねてきた修行（因行）は、以下にあげるとおり、まさに多種多様です。

数ある般若経のなかでももっとも重要とされる『二万五千頌《じゅ》般若経』は、鳩摩羅什《くまらじゅう》によって漢訳され、『摩訶般若波羅蜜多経（大品般若経）』と称されました。この経典に、龍樹《りゅうじゅ》（ナーガールジュナ）が一文ごとに詳しく註釈をくわえた著作が『大智度論《だいちどろん》』で、やはり鳩摩羅什によって漢訳されました。その巻第十二などには、こう書かれています。能施太子（布施に邁進する太子）と呼ばれていたとき、人々が貧窮をきわめているようすを見て、自分が所有していた財物を施しました。しかし、全然足りないので、海中に住む龍王がもっていた如意宝珠、すなわち思いのままに願いをかなえてくれる霊玉を手に入れ、それを用いてさまざまな宝物や衣服や飲食物などを、雨のように降らして、人々を満足させました。

釈迦牟尼仏の過去世と現在世の深い関係を語る『太子瑞応本起経《たいしずいおうほんぎきょう》』巻上には、こう書かれています。儒童菩薩（浄らかな修行に精進する若い菩薩）と呼ばれていたとき、五茎の蓮華を五百銀という高額で買いとり、七日七夜、燃燈《ねんとう》仏（定光《じょうこう》仏／錠光《じょうこう》仏）に供養しました。また、仏の足が泥道で汚れてはいけないと思い、泥道にみずからの頭髪を敷いて、その上を仏に歩んでいただいたりしました。その功徳により、「あなたは未来世において、釈迦牟尼（釈迦文）と称する仏になるであろう」と予告（授記）されました。

『大智度論』巻第十五などには、こう書かれています。尸毘王《しびおう》と呼ばれていたとき、帝釈天（インドラ）が化身した鷹が、火天（アグニ）が化身した鳩を追って王の前に現れました。王が鳩を救おうとすると、鷹は鳩と同じ量の肉を求めました。秤《はかり》にのせると火天が化身した鳩はとても重く、ついに王は全身の肉を鷹にあたえました。

『金光明経《こんこうみょうきょう》』などには、こう書かれています。薩埵太子と呼ばれていたとき、二人の兄とともに、山に遊びに出た太子は、飢餓に苦しむ虎の母子を見ました。太子は二人の兄を先に帰してから、みずからの頸部を竹で切り、崖の上から身を投じて、自身の肉体を虎にあたえ、虎の母子を救いました。

あるいは、小乗仏教（蔵教）の修行者だったときは、三大阿僧祇というほとんど無限大の期間にわたり修行して仏を供養し、また百大劫というほとんど無限大の期間にわたり修行して福徳を積み重ね、やっと悟りを開いて仏になれたといいます。小乗仏教と大乗仏教に共通する教え（通教）の修行者だったときは、動逾塵劫《どうゆじんこう》という想像もできないくらい長い期間にわたり修行して、やっと悟りを開いて仏になれたといいます。大乗仏教の教え（別教）の修行者だったときは、五十一段階もある階梯を成就して、やっと悟りを開いて仏になれたといいます。釈迦牟尼仏の場合は、『華厳経』に説かれているとおり、六年と十箇月の修行をへて、部分的に真実を説く教え（爾前円教《にぜんえんぎょう》）に到達したといいます。そして、『法華経』迹門の「化城喩品」によれば、大通智勝如来（偉大な神通の智慧をもちいて勝利する如来）が在世しておられた遥かな過去世に出家し、生きとし生けるものすべてを救うため、そののち三千塵点劫もの膨大な期間にわたり、菩薩としての修行を積み重ねてこられたといいます。

このようにして、小乗仏教（蔵教）の修行者だったときから、迹門の修行者だったときまでを通算すると、七万五千とも七万六千とも七万七千とも伝えられる仏たちを供養し、膨大な時間をかけて、修行を成就して、今のように教主の釈迦牟尼仏となったのです。このような、悟りを開いて仏となる前（因位）に積んださまざまな修行が、わたしたち凡人独り独りの心に具備されている菩薩界の功徳であると言われても、とうてい信じられません。

さらに、悟りを開いて仏となられて後（果位）を論じるならば、常識的には、教主の釈迦牟尼仏は、現世において出家して悟りを開き、仏になったとみなされています。そして、その後の四十年あまりのあいだ、蔵教・通教・別教・円教の四つの教えを、その教えにふさわしい姿の肉体（色身）であらわれ、『法華経』以前のもろもろの経典（爾前経典）、『法華経』の迹門、『涅槃経』などとして説き、生きとし生けるものすべてを救ってくださったのです。

要するに、『華厳経』を説いたときは、あたかも万華鏡のように互いを写し出す重々無尽の蓮華蔵世界の教主である盧遮那仏《るしゃなぶつ》として、ありとあらゆる世界のありとあらゆる方向や空間に、同時に、姿をあらわしました。

『阿含経』を説いたときは、四つの真理（四聖諦《ししょうたい》＝苦集滅道）を、まず完璧な智慧（無漏智）である「法智忍（欲界の煩悩を絶つ智慧）」・「法智（欲界の煩悩を絶ったことを確証して離脱する智慧）」・「類智忍（色界と無色界の煩悩を絶つ智慧）」・「類智（色界と無色界の煩悩を絶ったことを確証してそこから離脱する智慧）」を駆使して、八忍八智と呼ばれる十六の観点から、つまり「見苦所断」では苦法智忍・苦法智・苦類智忍・苦類智を、「見集所断」では集法智忍・集法智・集類智忍・集類智を、「見滅所断」では滅法智忍・滅法智・滅類智忍・滅類智を、「見道所断」では道法智忍・道法智・道類智忍・道類智を実践することによって、後天的な知的煩悩（見惑）を断ちました。ついで、九無《む》碍《げ》九解脱と呼ばれる十八の観点から、四つの真理を考察して、九次元（欲界地・四色界禅地・四無色界処地）の煩悩を、下の次元から上の次元に向かって順に断ちました。なお、一つの次元にそれぞれ九段階（上上・上中・上下・中上・中中・中下・下上・下中・下下）があるので、それらを上から下に向かって順に断ちました。こうして、先天的な煩悩（思惑）をすべて断ち、かつ断ったことを確証して、煩悩から完全に離れ、仏となったのです。

一般的な大乗経典（方等経）や般若経典を説いたときは、鳩摩羅什訳の『摩訶般若波羅蜜多経

（大品般若経・二万五千頌般若経）』の「無作品《むさ》」第四十三によれば、ありとあらゆる世界の十方、すなわち東・西・南・北ならびに北西・南西・南東・北東およびその上下に、それぞれ千体の仏となって、同時に姿をあらわし、智慧の完成もしくは完成された智慧（般若）を説きました。

代表的な密教経典の『大日経』や『金剛頂経《こんごうちょうきょう》』などによれば、これらの経典が説く曼荼羅《まんだら》のなかに、千二百以上もの仏菩薩や神々として、姿をあらわしています。

『法華経』の迹門におさめられている「見宝塔品」によれば、十方から集まってくる諸仏をお迎えするために、釈迦牟尼仏は神通力を発揮して、現世（娑婆世界）を三回にわたり、変容（三変土田《さんぺんどでん》）させて浄化しました。第一変では、凡人と聖者（声聞・縁覚・菩薩・仏）が同居し、ならびに生身の身体のまま（劣応身《れつおうじん》）の仏が住む世界（凡聖同居土《ぼんしょうどうごど》）を、小乗仏教の聖者（声聞・縁覚）、ならびに衆生を教化するために多様かつ具体的な身体をもつ仏（勝《しょう》応身／他受用身《たじゅゆうしん》）が住む世界（方便有《ほうべんう》余土《よど》）に、変容させて浄化しました。第二変では、方便有余土を、別経の初地以上の菩薩と円経の初住以上の菩薩、ならびに菩薩を教化の対象として変幻自在の能力と不変性と普遍性と人格性をもつ仏（報身仏／尊特身）が住む世界（実報無障礙土《じっぽうむしょうけど》）に、変容させて浄化しました。第三変では、実報無障礙土を、真理そのものを身体とする仏（法身仏）が住む世界（常寂光土《じょうじゃっこうど》）に、変容させて浄化しました。

『涅槃経』によれば、凡聖同居土では、背の高さが一丈六尺の生身の身体のまま（劣応身）の仏としてあらわれました。方便有余土では、背の高さが一丈六尺や八尺の小身としてあらわれた場合もあれば、虚空を満たすくらい巨大な大身としてあらわれた場合もありました。実報無障礙土では、報身の盧遮那仏としてあらわれました。円教の仏として教えを説くときは、真理そのものを身体とするために、まったく捉えどころのない虚空のように、凡人には感知できない法身仏としてあらわれました。

あるいは、八十歳で入滅され、劣応身の仏として生身の身体を荼毘《だび》に付させて遺骨を残しただけでなく、法身仏として教えや経典を残しました。そして、入滅後に訪れた三つの時代、つまり仏の教えと行いと悟りがともにある仏教の全盛期である正法の時代、教えと行いはあるもののもはや悟りはない漸衰期である像法の時代、行いも悟りもなくただ教えのみある衰亡期である末法の時代に、それぞれ生まれあわせた人々に、成仏という最高の利益をあたえ続けています。

以上のように、悟りを開いた後（果位）の仏が具備する膨大無辺の徳が、わたしたち凡人独り独りの心に具備されていると言われても、とうてい信じられません。

㈡次に、『法華経』後半十四品にあたる本門の記述にもとづいて、わたしたち凡人独り独りの心に仏の身体が具備されているか否か、を論じるならば、こう考えられます。

そもそも、教主の釈迦牟尼仏は五百塵点劫も以前に、悟りを開いて仏となりました。つまり、誰かが原子を置いた世界と置かなかった世界を、両方あわせて粉々にして原子にし、その原子一個を一劫という時間として計算すると仮定すると、釈迦牟尼仏が悟りを開いて仏となった時点から現在に至るまでに、百×千×万×億×千億×十の五十六乗劫もの時間が経過しています。

したがって、悟りを開いて仏となる前（因位）ともなれば、さらに時間をさかのぼって、まさに久遠《くおん》と表現するしかありません。そのような久遠の過去から、ありとあらゆる世界の至るところにご自分の分身となる仏を無数にあらわし、その生涯において体得されたこのうえなく尊い教えを説いて、無数の生きとし生けるものを教化してきたのです。

このような『法華経』本門の教化と迹門の教化を比較すると、本門の教化を一滴の水とたとえるとすれば、迹門の教化は大海にたとえられます。本門の教化を一握りの土塊にたとえるとすれば、迹門の教化は巨大な山塊にたとえられます。また、本門に登場するたった一人の地涌《じゆ》の菩薩を猿にたとえるとすれば、迹門のすべて世界で救済活動にあたる文殊師利《もんじゅしり》菩薩や観世音《かんぜおん》菩薩はあまりに偉大すぎて、帝釈天にたとえることすらできません。それくらい、大きな差があるのです。

以上のような仏界における広大無辺な経緯と功徳が、わたしたち凡人独り独りの心に具備されていると言われても、とうてい信じられません。

㈢広大無辺な経緯と功徳が、わたしたち凡人独り独りの心に具備されていると言われても、とうてい信じられないのですから、仏界における経緯と功徳のほかに、以下にあげるとおり、ありとあらゆる世界における経緯と功徳が、わたしたち凡人の一念に具備されているという十界の中に含まれていると言われても、まったく信じられません。

煩悩を断ち切り、それぞれ最高の境地を実現した声聞乗と縁覚乗の世界が、わたしたち凡人の一念に具備されているという十界の中に含まれていると言われても、まったく信じられません。

梵天や帝釈天や日天や月天や四天王の住む世界が、わたしたち凡人の一念に具備されているという十界の中に含まれていると言われても、まったく信じられません。

四種の転輪聖王、すなわち金輪王と銀輪王と銅輪王と鉄輪王が統治する世界が、わたしたち凡人の一念に具備されているという十界の中に含まれていると言われても、まったく信じられません。

数ある地獄の中でも、最下層に位置していて、最悪かつ最大の地獄とされる無間地獄に燃えさかる大火炎の世界までが、わたしたち凡人の一念に具備されているという十界の中に含まれていると言われても、まったく信じられません。

さらに、以上のように、ありとあらゆる世界が、わたしたち凡人の一念に具備されているという十界の中に含まれているのだから、わたしたち凡人独り独りの心に、三千世界が具備されていると言われても、まったく信じられません。

たとえ、仏の説いた教えだから信じなさいと言われても、まったく信じられません。

㈣以上のように考察すると、『法華経』が説かれる前に説かれた経典のほうが、真実であり、ほんとうのことを語っているとしか思えません。

たとえば、華厳宗が最高の聖典と崇めてきた『華厳経』には、「悟りを求める心を初めて起こしたときに、すでに悟りの第一歩を獲得できている、と冒頭の部分に説かれています。それから、悟りを求めて歩み続け、最終にして最高の悟りを獲得したあかつきには、虚妄から完全に解き放たれるので、あたかも虚空に一点の汚れもないように、迷いの汚れに染まることはもはやありません」と説かれています。

日本では奈良時代から、『法華経』や『金光明経（金光明最勝王経）』とともに、護国三部経として崇められてきた『仁王経《にんのう》』には、「煩悩の根源は無明なのだから、悟りを開いて無明の本質をあきらかにできれば、このうえない智慧だけが存在する」と説かれています。

この世の森羅万象には実体がないという空の思想を提唱し、禅宗が重要視する『金剛般若経』〔実際には伝教大師最澄の作と伝えられる『本理大綱集《ほんりたいこうしゅう》』〕には、「清浄なる心を生起して、あらゆる善行を積めば、悟りをきわめられる」と説かれています。

古代インドの仏教僧として活動した馬鳴《めみょう》（アシュヴァゴーシャ　八〇～一五〇頃）の著作と伝えられ、日本や中国の仏教に絶大な影響をあたえてきた『大乗起信論《だいじょうきしんろん》』〔実際には伝教大師最澄の作と伝えられる『本理大綱集』〕には、「わたしたちは煩悩にまみれているが、実は如来蔵／仏性、つまり成仏の可能性が内包されている。それは自性清浄心と呼ばれ、その中には清浄なる功徳だけがある」と説かれています。

法相宗にとってもっとも重要な論書の一つが『成唯識論《じょうゆいしきろん》』です。龍樹（ナーガールジュナ　二～三世紀）を祖とする中観派とならび、インド大乗仏教の二大学派として知られる瑜伽行唯識派を、実兄の無着《むじゃく》（アサンガ　四世紀）とともに、築き上げた天親《てんじん》菩薩（ヴァスバンドゥ　世親　四世紀）の著作『唯識三十頌《じゅ》』に、インドの護法（ダルマパーラ　五三〇～五六一）が註釈をくわえた書物です。中国法相宗の祖となった玄奘三蔵（六〇二～六六四）によって漢訳され、日本でも広く学ばれてきました。そこには「我々は実在するという誤った認識も、この世の森羅万象が実在するという誤った認識も、ともに断じ尽くしてはいても、まだ生死に制約が残っている状態を余の有漏と呼ぶ。菩薩行を実践して煩悩を完全に断じ尽くした結果、生死に制約はなくなっているが、今生の最後の生において断じ尽くすべき惑乱がまだ残っている状態を劣の無漏と呼ぶ。最高の境地である法雲地において実践される金剛のごとく不壊なる瞑想では、このうえなく完璧で純浄な根本識（アーラヤ識）のみが抽出され、余の有漏を芽吹かせる種子も劣の無漏を芽吹かせる種子も、もはや関係なくなるので、すべて捨て去られる」と説かれています。

以上のように、『法華経』が説かれる前に説かれたもろもろの経典と『法華経』を比較し検討してみると、『法華経』が説かれる前に説かれたもろもろの経典のほうが、圧倒的に数が多く、説法されている時間も長いのです。もし、一仏に二言あるならば、『法華経』が説かれる前に説かれたもろもろの経典のほうが信じるに足ります。

しかも、馬鳴菩薩は、仏滅後に仏法を継承した二十四人の生涯を、中国の北魏時代に、吉伽夜《きっかや》と曇曜《どんよう》が口伝から筆記したと推測される『付法蔵因縁伝』に、第十一祖になると釈迦牟尼仏が予言されたと書かれています。また、天親菩薩は、千部もの著作をのこした偉大な宗教哲学者として尊敬され、仏滅後に人々をみちびく四人の偉大な指導者の一人です。
それに比べれば、天台大師智顗は、中国の片田舎で活動した、とるに足らない僧侶にすぎず、真っ当な論考は一つも書いていないのだから、信頼せよと言われても、とうてい無理です。

㈤さらに、こういうこともあります。長年にわたり説かれた数多くの経典を、十界互具を説いていないなどという理由で、放棄してしまい、年数や巻数の点ではずっと少ない『法華経』を選択したとしても、『法華経』の経文に、十界互具や百界千如や一念三千が、誰でもわかるように説かれていれば、多少は信じるに足ります。ところが、『法華経』のどこの経文に、十界互具や百界千如や一念三千が、誰でもわかるように説かれているだろうか。それを確認しようと思って、『法華経』の経文を開いてみると、たとえば「方便品」には、この世における全存在に内在する悪を断つなどと説かれていて、これでは『法華経』が説かれる前に説かれたもろもろの経典と、同じ内容を説いていることになってしまいます。

㈥天親菩薩が如来蔵思想にもとづいて『法華経』に註釈をくわえ、他の経典よりもすぐれていると述べている『法華論』にも、同じくインドの堅慧《けんね》（サーラマティ）菩薩が如来蔵思想を提唱している『宝性論《ほうしょうろん》』にも、十界互具の教義は説かれていません。
天台大師智顗の『法華玄義』巻十によれば、南北朝時代（四四〇～五八九）の中国で活動した十人の学僧たちも、十界互具の教義を説いていません。彼らは、釈迦牟尼仏がその生涯において説いた教えを、説き方によって、以下のように分類しました。

　頓教：相手の能力にかかわらず、真実をそのまま説く

　漸教：相手の能力に合わせて、低い次元から高い次元へと順番に説く（三時～五時）

　不定《ふじょう》教：同じ教えでも、相手の能力によって受けとり方や利益が一定でない

そのうえで、十人の学僧たちは、こう主張しました。

南朝の三人の学僧たちのうち、虎丘山《こきゅうざん》の笈師《ぎゅうし》は三時（有相《うそう》教〔阿含経など〕・無相教〔般若経など〕・常住教〔涅槃経〕）に分け、宗愛法師は四時（有相教・無相教・常住教・同帰教〔法華経〕）に、道場観師は五時（有相教・無相教・褒貶抑揚教〔小乗を貶め大乗を称える教え／維摩経〕・同帰教・常住教）に、分類しました。北朝の七人の学僧たちのうち、北地師は五時（人天《にんてん》教〔提謂波利経《だいいはりきょう》（偽経）〕・有相教・無相教・褒貶抑揚教・常住教）に、菩提流支《ぼだいるし》は半満二教（小乗・大乗）に、仏陀三蔵光《こう》統学士《ずがくし》は四宗（因縁宗〔毘曇宗《びどんしゅう》（説一切有部系）〕・仮名宗《けみょうしゅう》〔成実宗《じょうじつしゅう》〕・誑相宗《おうそうしゅう》〔三論宗〕・常宗〔涅槃経／華厳経〕）に、某師は五宗（因縁宗・仮名宗〔成実宗〕・誑相宗〔三論宗〕・常宗・法界宗〔華厳経〕）に、某師は六宗（因縁宗・仮名宗・誑相宗・常宗・真宗〔法華経〕・円宗〔大集経《だいじっきょう》〕）に、北地の某禅師は二種大乗（有相大乗・無相大乗）に、北地の某禅師は一音教《いっとんきょう》（仏説を小乗と大乗に分け、小乗を捨てて大乗のみを選択）に分類し、論争を繰り広げました。しかし、十界互具の教義はどこにも説いていません。

また、日本の南都七大寺、つまりインドの瑜伽行唯識派を継承する法相宗の西大寺と興福寺と薬師寺と法隆寺、インドの中観派を継承する三論宗の元興寺《がんこうじ》と大安寺《だいあんじ》、華厳宗の東大寺に、それぞれ所属する学僧たちも、十界互具の教義は説いていません。

㈦このとおり、十界互具の教義は、天台大師智顗たった独りが主張しただけの、誤った見解です。伝教大師最澄たった独りが主張しただけの、誤った伝承です。

ですから、中国華厳宗の第四祖だった清涼国師《しょうりょうこくし》澄観《ちょうかん》（七三八〜八三九）は、著作の『華《け》厳経《ごんきょう》随疏演義鈔《ずいしょえんぎしょう》』第十八に「天台大師智顗は誤りを犯している」と述べています。華厳宗の第三祖の法《ほう》蔵《ぞう》の弟子で、やはり華厳教学の発展に貢献した慧苑《えおん》大師（六七三？〜七四三？）も、著作の『続《ぞく》華《け》厳経略疏刊定記《ごんきょうりゃくしょかんじょうき》』第一に、「ところが、天台大師智顗は、小乗をすべて三蔵教と呼んでいる。これは、三蔵が小乗にも大乗にも共通の名称であることを、無視している」と非難しています。

南都仏教を代表する華厳経学の権威だった了洪《りょうこう》法師（生没年不詳）は、著作の『華厳宗立祖義』に「釈迦牟尼仏がこの世に出現した本懐は、偉大な『華厳経』を説くためだったのに、天台大師智顗はそれを認めていない」と述べています。さらに、伝教大師最澄と熾烈な論争を繰り広げた法相宗の学僧として有名な徳一《とくいつ》（得一　七四九〜八二四以降）は、伝教大師最澄の著作の『守《しゅ》護国界章《ごこっかいしょう》』上の上の章第二に引用されている彼自身の言葉によれば、「なんと未熟なのだ、天台大師智顗よ。あなたという人は、誰の弟子なのだ。舌足らずの言説で、釈迦牟尼仏がみずからの顔面をおおうほど偉大な仏の舌を駆使し、『解深密経《げじんみっきょう》』に明らかにされた三時教判という真実の教え、すなわち最初の第一時に『阿含経』のように小乗仏教の者たちを対象に四諦（苦集滅道）という説き方をし、ついで昔の第二時に『般若経』のように大乗仏教の者たちに理解できる者もいれば理解できない者もいるという秘密めいた説き方をし、今の第三時に『華厳経』や『解深密経』のようにすべての者たちが理解できる説き方をしたことを、誹謗中傷するとは、なんたることか」と非難しています。

弘法大師空海も、『弁顕密二教論《べんけんみつにきょうろん》』下巻に、「中国の学僧たちが、真言宗の醍醐味《だいごみ》（至上至高の教え）をひそかに盗みとって、自分たちの宗派こそ至上至高の教えだと主張している」と述べています。

というように、一念三千の法門は、釈迦牟尼仏がその生涯においてお説きになった真実の教えと仮の教えとを問わず、経典のどこにもその名を見出せません。『涅槃経』に説かれているように、仏滅後に人々のもって生まれた能力を見極めて、臨機応変に教えを説くはずの「法の四依」の菩薩たち、つまり依法不依人（もっぱら釈迦牟尼仏の教えそのものに依り、教えを説く人を頼りにしてはならない）・依義不依語（もっぱら教えの真義に依り、言葉の表現に惑わされてはならない）・依智不依識（もっぱら釈迦牟尼仏の智慧に依り、凡人の認識に頼ってはならない）・依了義経不依不了義経（釈迦牟尼仏が真意をそのまま説いた経典に依り、真意を完全に明かしていない経典に頼ってはならない）を実践する菩薩たちですら、一念三千の法門を説いていません。

そして、中国の著名な学僧たちも日本の著名な学僧たちも、一念三千の法門を説いていません。

このような事情を知れば、信じなさいと言われても、とうてい無理です。

【二】凡夫の心に一念三千が具備されていることを知る三人の師

質問にお答えいたします。これは難問中の難問です。答えるのがもっとも難しい質問です。とはいえ、『法華経』とそれ以外の経典の相違は、経文を検討すれば、おのずから明らかになります。なぜならば、『法華経』以外の経典は、いまだ真実をあらわしていない仮の教えを説く方便経なのに対し、『法華経』は真実をあらわしたと証明された実経だからです。

また、『法華経』以外の経典は、諸仏が舌相によって、すなわち口から言葉を発して称賛しただけなのに対し、『法華経』は、たとえば多宝如来が出現して『法華経』は真実の教えと証明し、さらに全宇宙から釈迦牟尼仏の分身が集まって『法華経』は真実の教えと証明したという大きな相違があります。『法華経』以外の経典は、声聞乗と縁覚乗の二乗は仏に成れないと説いてきたのに対し、『法華経』は、声聞乗と縁覚乗の二乗も仏に成れると授記、つまり保証しています。『法華経』以外の経典は、教主の釈迦牟尼仏は始成正覚、つまり現世で始めて仏と成ったと説いてきたのに対し、『法華経』は、永遠の過去においてすでに仏と成り、それ以来ずっと、生きとし生けるものをすべてを救済し続けてきた久遠実成の仏であると説いています。これらの事実から、『法華経』と『法華経』以外の経典との相違は、明らかです。

インド・中国・日本の著名な学僧たちが一念三千の法門を説いていないではないか、という批判については、天台大師智顗が『摩訶止観』において、こう答えています。「天親菩薩も龍樹菩薩も、内心では『法華経』の真意を理解していましたが、外に向かって広めようとはされませんでした。その理由は、自分たちが生きている時代の状況を考慮するとき、真意を説いてもとうてい理解してもらえないと思い、その時代に受け入れてもらえそうな教説を借りて、説くしかなかったからです。ところが、後世の学僧たちは、そのような事情を知らなかったために、経典や論書に註釈をくわえるとき、表面的にしか理解できませんでした。しかも、そのあやまった理解に執着して、あたかも石に矢を射るように、互いの見解をまったく無視して論争を繰り広げた結果、釈迦牟尼仏の教えにそむくことになってしまったのです」

章安大師灌頂は『法華玄義』において、こう述べています。「天台大師智顗の見解に比べれば、インドの偉大な学僧たちの論説ですら、はるかに及びません。ましてや、中国の学僧たちについては、論じる必要すらありません。これはなにも誇張しているわけではありません。見解を比べてみれば、おのずからわかることです」

要するに、インドの天親菩薩も龍樹菩薩も馬鳴菩薩も堅慧菩薩も、内心では『法華経』の真意を理解していましたが、外に向かって広めようとはされませんでした。その理由は、ひろめるべき時がまだ来ていない、と認識されていたからと思われます。中国にも学僧はあまた登場しましたが、天台大師智顗以前の段階では、『法華経』にもしかしたら宝珠が含まれているかもしれないと考えた者も少しはいた可能性はあるものの、多くの者はそのような考えとはまったく縁がなかったのです。天台大師智顗以後の段階になると、天台大師の見解に対して、最初は否定していながら、やがて考えを改めて帰伏した学僧もあらわれました。しかし、依然として、考えを改めない学僧も少なからずいました。

ただし、『法華経』の「方便品」に「断諸法中悪」、すなわち「如来はありとあらゆる悪を断っています」という経文が説かれていて、十界互具と矛盾するのではないか、という疑問が生じる点については、解説する必要があります。「方便品」に「断諸法中悪」と説かれている意図は、こういうことです。「断諸法中悪」は、『法華経』以前の経典においては断悪証理、つまり煩悩を断って悟りを得ると理解されていました。しかし、『法華経』においては、天台大師智顗が『観音玄義』上に説いているとおり、後天的な縁によって生じる悪である修悪は断てても、生きとし生けるものをすべてに先天的にそなわっている悪である性悪は断てないということを述べているのです。詳しいことは、経典をよく読んで、その真意を汲みとってください。

すでに述べたとおり、『法華経』は明らかに十界互具を説いています。具体的な例をあげましょう。「方便品」には「欲令衆生開仏知見」、つまり「生きとし生けるものに、仏の知見を開かせたいと思う」と説かれています。

天台大師智顗はこの経文を『法華玄義』において、こう解説しています。「もしも、生きとし生けるものに、もともと仏の知見が具備されていなければ、仏の知見を開く開かないという論議そのものが成り立ちません。したがって、仏の知見が生きとし生けるものの心の奥深くに、あらかじめ具備されていることを、認識しなさい」

同じ経文を、章安大師灌頂は『観心論疏』において、こう解説しています。「もしも、生きとし生けるものに、あらかじめ仏の知見が具備されてないとするならば、どうして仏の知見を開いて、悟りを得ることができるでしょうか。たとえていえば、大乗経典の『涅槃経』の「如来性品」に説かれているように、貧しい女性がもともと宝蔵をもっていなければ、後にすぐれた指導者に導かれて宝蔵を発見し、ついにその中に隠されていた世にも珍しい宝物を手に入れられるわけがないのと、まったく同じです」

とはいっても、万人を納得させる解説が難しいのは、教主の釈迦牟尼仏以来、大きな課題です。このことについて、釈迦牟尼仏は『法華経』の「法師品」において「已今当説最為難信解」、すなわち「数々の経典を、過去に説きましたし、現在も説いていますし、未来も説くでしょう。そのなかで、この『法華経』こそ、もっとも信じがたく、もっとも理解しがたいものです」と説いて、予想される難問をあらかじめ遮断されています。

また、「見宝塔品」においては「六難九易《くい》」として、こう説いておられます。まず六難については、㈠もし、わたしが完全な涅槃に入ったのちの、恐怖に満ちた時代において、『法華経』と説きあかすならば、それはそれはたいしたことです。㈡もし、わたしが完全な涅槃に入ったのち、『法華経』を自分自身で書き写したり、あるいはだれかに書かせたりするならば、それはそれはたいしたことです。㈢もし、わたしが完全な涅槃に入ったのちの、恐怖に満ちた時代において、たった一瞬でも『法華経』を読むならば、それはそれはたいしたことです。㈣もし、わたしが完全な涅槃に入ったのちの、恐怖に満ちた時代において、『法華経』をかたく信じて、たった一人にたいしてでも説くというのであれば、それはそれはたいしたことです。㈤もし、わたしが完全な涅槃に入ったのちの、恐怖に満ちた時代において、『法華経』をかたく信じて、たった一人に対してでも説くというのであれば、それはそれはたいしたことです。㈥わたしが完全な涅槃に入ったのち、この『法華経』をかたく信じるとすれば、それはそれはたいしたことです」と。

次いで九易については、「㈠もし、『法華経』以外の経典を、ガンジス河の砂の数に等しいくらい多く説いたところで、『法華経』を説きあかすことに比べれば、すこぶる簡単なことです。㈡もし、宇宙の中心にそびえるという須弥山を引っこ抜いて、はるかかなたにある無数の仏国土のほうへ投げたところで、『法華経』を説きあかすことに比べれば、すこぶる簡単なことです。㈢もし、足の指で三千大千世界を動かし、はるかかなたにある無数の仏国土のほうへ投げたところで、『法華経』を説きあかすことに比べれば、すこぶる簡単なことです。㈣もし、有頂天、すなわち下から順番に欲界・色界・無色界とつづく三界のうち、もっともすばらしい無色界の最高所に立って、生きとし生けるもののすべてのために、数限りない経典を説法したところで、『法華経』を説きあかすことに比べれば、すこぶる簡単なことです。㈤もし、虚空界を全部、手のなかに入れたまま、あちこち遍歴しても、『法華経』を説きあかすことに比べれば、すこぶる簡単なことです。㈥もし、大地を自分の足の爪のうえに置いて、そのまま梵天がいるところまで昇っていったとしても、『法華経』を説きあかすことに比べれば、すこぶる簡単なことです。㈦もし、この世が燃え尽きて終わるとき、乾ききった草を背負ったまま、業火のなかに入って焼けないとしても、『法華経』を説きあかすことに比べれば、すこぶる簡単なことです。㈧もし、八万四千あるという法門をすべて信仰し実践したうえで、経典の形態をその形式と内容から十二種類に分類した十二部経、すなわち教えをふつうの文章で述べる「経」、それを詩句でもう一度説く「偈《げ》」、仏弟子の未来について語る「授記」、詩句のかたちで教えを語る「伽陀《かだ》」、如来がおもいのままに教えを語る「優陀那《うだな》」、仏弟子の過去世を語る「如是語（本事）」、如来の過去世を語る「本生《ほんじょう》」、広大な教えを説く「方広」、如来の神秘性や功徳を語る「未曾有法」、経典や戒律のゆらいを語る「尼陀那《にだな》（因縁）」、如来の教えをたとえ話にして語る「譬喩」、如来の教えを解説する「優婆提舎《うばだいしゃ》（論議）」を、ことごとく信仰し実践して、多くの者たちのために説きあかし、それを聞いた者に、世界中どこでも透視できる天眼通、自分と他人の過去世を知る宿命通、煩悩を断絶して悟りを得る漏尽通、空中飛行できる神足通、世界中の声を聞ける天耳通、他人の心中を知る他心通という六つの神通力を獲得させたとしても、『法華経』を説きあかすことに比べれば、まだずっと簡単なことです。㈨数限りない、ガンジス河の砂の数ほどの生きとし生けるものを、阿羅漢の境地に到達させ、六つの神通力を獲得させたとしても、『法華経』を説きあかすことに比べれば、まだまだずっと簡単なことです」と。

天台大師智顗は『法華文句』において、こう述べています。「『法華経』は前半の迹門と後半の本門から構成されていますが、両方の門ともに、『法華経』以前の経典とは正反対のこと、つまり

『法華経』以前の経典は声聞乗と縁覚乗は仏に成れないと説いてきたのに対し、『法華経』は声聞乗と縁覚乗も仏に成れると説き、また『法華経』以前の経典は釈迦牟尼仏は現世で始めて仏と成ったと説いてきたのに対し、『法華経』は永遠の過去においてすでに仏と成り、それ以来ずっと、生きとし生けるものをすべてを救済し続けてきた久遠実成の仏であると説いているので、信じにくく、理解するのはすこぶる難しいのです。それは、戦場で敵から矛先を突きつけられているような難事です」

章安大師灌頂は『観心論疏』巻四において、こう述べています。「釈迦牟尼仏は出世の本懐、すなわちご自身がこの世に出現された根源的な目的について、「方便品」に『法華経』を説くためとおっしゃっています。それほどの大事なのですから、わたしたちのような凡人に簡単に理解できるはずがないのです」

伝教大師最澄は『法華秀句』において、こう述べています。「この『法華経』はもっとも信じがたく、もっとも理解しがたい。なぜならば、釈迦牟尼仏がご自分の心を、ありのままにお説きなっているからです」

釈迦牟尼仏が入滅されてから千八百年あまり後の今日に至るまで、インドと中国と日本の三国において、たった三人だけが、『法華経』という正法を、その真意のとおりに理解してきました。その三人とは、インドの釈迦牟尼仏、中国の天台大師智顗、日本の伝教大師最澄です。したがって、この三人こそ、仏教の聖人にほかなりません。

（十九）質問いたします。それでは、龍樹菩薩や天親《てんじん》菩薩をはじめ、インドの大乗仏教を代表する学僧たちは、どのような方々だったのでしょうか。

お答えいたします。これらの方々も、内心では『法華経』の真意をご存じでしたが、それを説き明かすことはありませんでした。中には、『法華経』の前半部分にあたる迹門に説かれている内容について、その一部を述べたかもしれませんが、後半部分にあたる本門に説かれている内容については何も述べませんでした。ました、本門の根底に秘められている観心については、一言も語りませんでした。

その理由は、こう考えられます。これらの方々が在世していたころの人々に、『法華経』の真意を受け入れるだけの資質があったとしても、まだ時代が求めていなかったからではないでしょうか。あるいは、これらの方々が在世していたころの人々には、『法華経』の真意を受け入れるだけの資質もなく、時代もまた求めていなかったからではないでしょうか。

それに対し、天台大師智顗や伝教大師最澄が登場されて以降は、『法華経』の真意を知る者があまたあらわれました。なぜならば、この二人の聖人の智慧を利用することができたからです。

その結果、中国では、三論宗中興の祖として名高い嘉祥《かじょう》大師吉蔵《きちぞう》（五四九〜六二三）は、章安大師灌頂から天台の法門を受法しました。南北朝時代に南朝で活動した虎丘山《こきゅうざん》の笈師《ぎゅうし》と宗愛法師と道場観師、同じく北朝で活動した北地師と菩提流支《ぼだいるし》と仏陀三蔵と光統学士《こうずがくし》と某師二人と某禅師二人をはじめ、百人以上の学僧たちが天台大師智顗に講演を依頼していますから、やはり帰伏したのです。

華厳宗を大成した賢首《げんじゅ》大師法蔵（六四三～七一二）は、最初こそ華厳宗を信奉していましたが、『法華経』の教えを知ってからは天台宗に帰伏しました。インドに留学して瑜伽行唯識派の教学を学び、中国に帰国して法相宗の祖となった玄奘三蔵（六〇二～六六四）も、最初こそ法相宗を信奉していましたが、『法華経』の教えを知ってからは天台宗に帰伏しました。玄奘三蔵の弟子で、法相宗の第二祖となった慈恩大師窺基《きき》（六三二～六八二）も、最初こそ法相宗を信奉していましたが、『法華経』の教えを知ってからは天台宗に帰伏しました。

また、インドから唐へ渡来して、密教経典の『大日経』を漢訳した善無畏《ぜんむい》三蔵（六三七～七三五）は、最初こそ『大日経』を信奉していましたが、『法華経』の教えを知ってからは天台宗に帰伏しました。同じくインドから唐へ渡来して、密教経典の『金剛頂経』を漢訳した金剛智《こんごうち》三蔵（六七一～七四一）も、最初こそ『金剛頂経』を信奉していましたが、『法華経』の教えを知ってからは天台宗に帰伏しました。さらに同じくインドから唐へ渡来して、中国における密教の全盛期をもたらし、弟子の恵果阿闍梨《けいかあじゃり》（七四六～八〇五）を介して弘法大師空海に真言密教の真髄を伝えた不空《ふくう》三蔵（七〇五～七七四）も、最初こそ真言密教が最高の教えと思い込んでいましたが、『法華経』の教えを知ってからは天台宗に帰伏しました。

唐時代に南山律宗（四分律宗）の祖となった道宣《どうせん》（五九六～六六七）は、著作の『法華弘伝序《ほっけぐでんじょ》』において、天台大師智顗を称賛していますから、天台宗に帰伏していたことは明らかです。

【三】一念三千の教えこそ、生きとし生けるものすべてを成仏に導く根本の真理

ただし、(十八)の最初の質問に、「釈迦牟尼仏は、小乗仏教(蔵教)の修行者だったときから、迹門の修行者だったときまでを通算すると、七万五千とも七万六千とも七万七千とも伝えられる仏たちを供養し、膨大な時間をかけて、修行を成就して、今のように教主の釈迦牟尼仏となったのです。このような、悟りを開いて仏となる前(因位)に積んださまざまな修行が、わたしたち凡人独り独りの心に具備されている菩薩界の功徳であると言われても、とうてい信じられません」という難問がありました。この難問について、もう一度、説明し、解決しておきたいと思います。

『法華経』の「序品」に、「それから、尊敬されるべきお方は、出家僧と尼僧と男女の在家修行者たちにかこまれ、供養され、うやまわれ、尊ばれ、讃嘆されながら、菩薩たちのために、大乗仏教の経典をお説きになりました。その経典の名前は『無量義教菩薩法仏所護念《むりょうぎきょうぼさつほうぶつしょごねん》』、すなわち「かぎりなく尊い教えであり、菩薩たちへの教訓であり、ありとあらゆる如来たちが支持しているもの」といいました。この経典を説き終わると、釈迦如来は結跏趺坐《けっかふざ》し「無量義処三昧《ざんまい》」、すなわちかぎりなく尊い教えの基盤とよばれる瞑想にお入りになり、体も心もまったく動揺しない状態となりました」と説かれています。

この文言を根拠に、天台大師智顗は『法華文句』巻第二下に、『法華経』は『法華経』だけで完

結しているのではなく、その前に『無量義経』一巻を開経として配置していると主張しました。

その『無量義経』に、こう説かれています。

「たとえば、国王とその夫人との間に、新たな王子が生まれたとします。王子が生まれてから一日がたち、二日がたち、七日がたちました。そして、一月がたち、二月がたち、七月がたちました。さらに、一歳になり、二歳になり、七歳になりました。この間、まだ幼すぎて、国政にあずかることはできないとはいえ、すでに臣下や国民たちから尊敬され、諸国の大王たちの王子たちと交友するでしょう。そうなると、国王とその夫人は王子がますます可愛くなって、王子とつねに言葉をかわすようになるでしょう。なぜ、そうするのか、と問われるならば、王子はまだ幼く、子どもだから、と説明されます。

良き仏弟子よ、『無量義経』を信奉する者も、このたとえ話と同じなのです。諸仏が国王にあたり、経典が夫人にあたります。そして、国王と夫人が愛し合って王子が生まれたように、諸仏と経典が一体になって、菩薩という子が生まれるのです。

しかも、もし、菩薩がこの経典の教えを耳にするならば、それがたとえわずか一句であっても、一偈《げ》であっても、わずか一度もしくは二度にわたり読誦《どくじゅ》するならば、あるいはさらに十回、百回、千回、万回、ガンジス河億万分の砂の数ほども、無量無数にわたり読誦するならば、究極の真理に到達することはできなくても、仏教を信仰する出家僧と尼僧と男女の在家信者たちはもちろん、仏教を守護すると誓った天龍八部衆から尊敬のまなざしで見られ、もろもろの偉大な菩薩たちをつき従え、つねに諸仏から心をかけていただいて守られ、ひたすらその慈愛に浴することになるでしょう。なぜならば、かれらは新たに仏教に目覚めて、仏道を学ぼうとこころざす菩薩だからです」と。

また、若き日の天台大師智顗は、師の南嶽大師慧思《えし》（五一五〜五七七）が『法華経』のほか『観《かん》普賢菩薩行法経《ふげんぼさつぎょうぼうきょう》』をもとに構築した法華三昧の行法を実践しました。そして、昼夜にわたり『法華経』を読誦していって、十四日目のことでした。

「薬王菩薩本事品」に、一切衆生喜見《いっさいしゅじょうきけん》菩薩が日月浄明徳《にちがつじょうみょうとく》如来を供養するために、大量の香油を飲み、さらに大量の香油を身体に塗ったうえで、神通力をつかってみずからの身体を燈明として火をともし、全宇宙をあまねく照らし出したとき、照らしだされた全宇宙の諸仏が「善哉善哉。善男子。是真精進。是名真法供養如来（すばらしい。すばらしい。信仰あつきわが息子よ。これこそ、まことの精進にほかなりません。これこそ、如来に対する真の供養といってかまいません）」と讃嘆したという一句にさしかかったとき、突如として、身も心も桎梏《しっこく》から解き放たれ、『法華経』の極意を悟ったと伝えられます。

ちなみに、このとき天台大師智顗が悟ったとされる『法華経』の極意とは、「一乗開会《いちじょうかいえ》」でした。つまり、仏の慈悲をこうむるならば、生まれついた能力や資質によって、菩薩とか声聞とか縁覚という救いへの乗物がそれぞれ別々に用意されているのではない。声聞と縁覚の二乗も、ついには一乗に帰せられて、成仏できるという「二乗作仏《にじょうさぶつ》」の教えでした。

この体験をもとに、後年、天台大師智顗はこの行法をさらに進化させ、『法華三昧懺儀《ほっけざんまいせんぎ》』を執筆しています。

このように、『観普賢菩薩行法経』は、『法華経』を真に理解するために不可欠の経典です。そこで、『法華経』の結経に位置付けられてきたのです。

その『観普賢菩薩行法経』に、こう説かれています。

「この大乗経典こそ、諸仏が秘奥とされた宝蔵であり、すべての宇宙空間において、ならびに過去と現在と未来において、出現するすべての仏の眼目なのです。また、過去と現在と未来において、もろもろの仏を生み出す種なのです。したがって、あなたがたは、大乗の教えを実践しつづけ、仏の種が絶えないようにつとめなければなりません」

また、こうも説かれています。

「この大乗経典こそ、諸仏の眼目なのです。諸仏はこの経典によって、人間が肉体にそなえている眼である肉眼《にくげん》、遠近や内外を透視できる天人の眼である天眼《てんげん》、この世には実体はないという空の真理を見抜いた声聞や縁覚の眼である慧眼《えげん》、諸法の実相を正しく認識して生きとし生けるものを救う菩薩の眼である法眼《ほうげん》、ありとあらゆる真理を見通す仏の眼である仏眼《ぶつげん》をそなえることができるのです。

さらに、真理そのものを身体とする仏である法身《ほっしん》、まだ人間だったときに立てた誓願を成就して仏となった結果としてその報いを享受する仏である報身《ほうじん》、生身の身体をもつ仏である応身《おうじん》という仏の三種の身体をすべてそなえる仏は、この経典から出生したのです。

すなわち、この経典は仏法の偉大さの証明であり、広大無辺の涅槃の海が実在することの証明にほかなりません。このような広大無辺の涅槃の海から、法身と報身と応身をすべて兼ねそなえた仏の清浄な身体が生まれます。こうして、法身と報身と応身をすべて兼ねそなえた仏が、人々と神々に利益をもたらす福田《ふくでん》となるのです」

そもそも思いをめぐらせて、釈迦牟尼仏がその生涯にお説きになった顕教《けんぎょう》と密教《みっきょう》、大乗の教えと小乗の教え、華厳宗や真言宗をはじめ諸宗が拠り所とする経典について、考察してみましょう。『華厳経』では、あたかも万華鏡のように互いを映し出す重々無尽の蓮華蔵世界の教主である盧遮《るしゃ》那仏《なぶつ》が説法したと説かれています。『大集経《だいじっきょう》』では、釈迦牟尼仏の説法を讃嘆するために、全宇宙から諸仏があたかも雲が湧くように集まったと説かれています。『般若経』では、この世のあらゆる事物は空《くう》、つまり有るのでもなければ無いのでもないという「染浄虚融《ぜんじょうこゆう》」の教えが説かれたときに、全宇宙から千もの仏が出現したと説かれています。『大日経』や『金剛頂経』が説かれたときには、千二百の諸尊が出現したと説かれています。

しかし、これらの諸仏も諸尊も、ごく近くしかも短い時間で実践された修行とその成果をあらわしているだけで、久遠にわたる修行の実践とその成果をあらわしてはいません。たちまち成仏すると説いてはいますが、『法華経』の「化城喩品」に、釈迦牟尼仏の教化指導が、三千塵点劫の過去といいますから、ほとんど無限の彼方というしかない過去世に出現された大通智勝《だいつうちしょう》仏のときから終始一貫していることも、同じく「如来寿量品」に、釈迦牟尼仏の教化指導が、五百億塵点といいますから、やはりほとんど無限の彼方というしかない過去世から続いていることも、忘れ去られてしまっています。さらに、「化城喩品」に説かれているとおり、釈迦牟尼仏の教化指導が三千塵点劫の過去から始まり、このたびはわたしたちが今生きている時代とさほど遠くない時代にこの世に出現され、霊山において、生きとし生けるものたちすべてを救うために、『法華経』をお説きになって、終わりとされたことは、どの経典にも説かれていないではないですか。

『法華経』が説かれる前の時点では、もっともすぐれた教えとされてきた『華厳経』は、円教（すべてを包摂する完璧な教え）ならびに別教（大乗仏教の教え）を、兼ねてはいるように思えます。また、『法華経』よりもはるか後に説かれたという『大日経』は、声聞蔵（声聞のための教えの集成）、雑蔵（仏自身の教えや仏弟子の説をはじめ、さまざまな神々を讃嘆する詩句などの雑多な集成）、菩薩蔵（菩薩のための教えの集成）、仏蔵（仏自身の教えの集成）を、すべて含む教えのように思えます。

しかしながら、もう一度よく考えてみると、『華厳経』も『大日経』も、蔵教（小乗仏教の教え）や通教（小乗仏教と大乗仏教に共通する教え）と同じ内容にすぎず、円教や別教にすら及びません。

ましてや、生きとし生けるものが、生まれつき具備しているとされる三因仏性《さんいんぶっしょう》は、まったく説かれてはいません。すなわち、ありとあらゆる邪非を離れた中正《ちゅうしょう》の真如《しんにょ》である正因仏性が万物に漏れなく具備されていることも、真如の理を完璧に了解できる智慧である了因仏性が万物に漏れなく具備されていることも、真如の理を完璧に了解できる智慧に働きかけて、ありとあらゆる邪非を離れた中正の真如を起動させる善根功徳である縁因仏性が万物に漏れなく具備されていることも、まったく説かれてはいません。

これでは、いったい何をもって、成仏の種子《しゅうじ》というのか、定めようがありません。

三蔵法師として知られる玄奘は、『法華経』の漢訳者として知られる鳩摩羅什の訳業は不完全であると批判し、みずからの漢訳こそ完全な訳業と位置付け、前者を旧《く》訳、後者を新訳と称しました。このような経緯をへて新訳が地位を確立したのちに、中国に入ってきた経典の漢訳にたずさわった者たちは、天台大師智顗が『法華経』に見出した一念三千の教えを見聞して、これは驚嘆にあたいする偉大な教えと認識したようです。一念三千の教えを、みずからの宗派が拠り所としてきた聖典にそっと書き添えた者もあれば、わたしがインドから持ち帰ったのだなどと宣伝した者もありました。

それに対し、天台宗の学僧たちの反応はさまざまでした。自分たちが信奉してきた教えがやっと賛同を得たといって喜んだ者もあれば、『華厳経』を拠り所とする華厳宗や『大日経』を拠り所とする真言宗など、縁の遠い宗派の教えを尊重して、身近な天台宗の教えをないがしろにしてしまう者もありました。その結果、旧来からある天台宗を見捨てて、新たに伝来した華厳宗や真言宗に宗旨替えするような、邪悪な心や愚劣な心があらわになってしまったのです。

しかし、結局のところ、一念三千の教えこそ成仏の種子だと認識できないならば、心ある者は必ず成仏できるという教義も、木像や画像を本尊として崇めるという行為も、ただ名ばかりで、実にはならないのです。

【四】題目＝「妙法蓮華経」こそ、成仏への道

（二十）質問いたします。これまでにきわめて重要な疑問が提示されています。すなわち、凡人の心に仏の心や身体が具備されているのは本当なのか、という疑問。凡人の心に一念三千が具備されていることは、インドと中国と日本の三国において、三人の師しか認識していなかったのは本当なのか、という疑問。一念三千の教えこそ、生きとし生けるものすべてを成仏に導く根本の真理は本当なのか、という疑問です。これらの疑問に対して、誰もが納得できる解釈を、まだおうかがいしておりません。この件については、いかがでしょうか。

お答えいたします。天台大師智顗は『法華文句』巻第二下に、『法華経』は『法華経』だけで完結しているのではなく、その前に『無量義経』一巻を開経として配置していると主張しましたが、その『無量義経』の「十功徳品」には、「この経典をかたく信じて、つねに読誦する者は、仏道の修行に必須とされる六波羅蜜《ろくはらみつ》、つまり布施《ふせ》（施しをすること）・持戒《じかい》（戒律を守ること）・忍辱《にんにく》（苦難に耐え忍ぶこと）・精進《しょうじん》（努力すること）・禅定《ぜんじょう》（瞑想して精神を統一すること）・智慧《ちえ》（真理を体得すること）という六種類の修行を実践できないとしても、すべて実践したのと同じ功徳を、その身におのずから具備できる」と説かれています。

この件については、以下のような論拠があります。

ちなみに、『妙法蓮華経』という経題は、梵語の「サッダルマプンダリーカ」を意訳したものです。もとの発音を漢字で表記しますと「薩達摩芬陀利迦」となります。梵語の「サッ」は、漢字で

は「沙」とも「薩」とも表記されます。「蘇」という表記もあります。

『法華経』の「方便品」には、舎利弗が「ここには、神々や天龍八部衆たちが、ガンジス河の砂の数ほどもつどっております。最高の境地をめざす菩薩たちも、八万おります。また、億どころではないくらい多くの国々から、仏教に帰依した王たちも来ております。みな合掌し、敬意をいだいて、具足の道、すなわち修行を完成する道をお聞きしようとしております」と、釈迦牟尼仏に請い願ったと説かれています。

『(大乗)涅槃経』の「如来性品」には「沙者名具足」と説かれています。つまり、「沙（サッ＝薩）とは具足を意味する」というのです。そして、龍樹菩薩は著作の『大智度論』に、「薩とは六という意味である」と述べています。また、南北朝時代の末に活動した学僧の慧均《えきん》は、龍樹菩薩が執筆した『中論』と『大智度論』と『十二門論』、および龍樹菩薩の直弟子の聖提婆《しょうだいば》（アーリヤデーヴァ）が執筆した『百論』の論書に註釈をくわえた『無依無得大乗四論玄義記《むえむとくだいじょうしろんげんぎき》』に、「沙とは翻訳すると六という意味であり、インドの解釈では六は具足を意味する」と述べています。嘉祥《かじょう》大師吉蔵も著作の『法華義疏』に、「沙とは翻訳すると具足という意味である」と述べています。さらに、天台大師智顗は『法華玄義』に、「薩とは梵語（サンスクリット）であり、妙と翻訳できる」と述べています。

以上にくわえて、わたし（日蓮）の解釈を述べることは、『法華経』の経文を汚しかねませんが、質問にお答えするために、あえて申し上げましょう。この経文の心（真意）は、因行つまり釈迦牟尼仏が久遠の仏となるために実践された修行も、果徳つまり久遠の仏となられて以来ずっと釈迦牟尼仏が生きとし生けるものを教化されてきた功徳も、「妙法蓮華経」の五文字に具足されているということなのです。したがって、わたしたちがこの五文字を受持、すなわち眼で読み、声に出して唱え、心にかたく信じるならば、釈迦牟尼仏の因行と果徳を、いかなる障《さわ》りもなく、わたしたちに譲り渡してくださるのです。

『法華経』の「信解品《しんげ》」の最初のところに、こう説かれています。四大声聞、つまり釈迦牟尼仏の直弟子のなかでも特に重要な地位を占める慧命《えみょう》須菩提《しゅぼだい》と摩訶迦旃延《まかかせんねん》と摩訶迦葉《まかかしょう》と摩訶目犍連《まかもくけんれん》の四人が、「譬喩品」において釈迦牟尼仏が、それまでは永遠に仏に成れないとされていた声聞も縁覚も、『法華経』を受持するならば、仏に成れるとお説きになったのを聞き、「はかり知れないくらい膨大かつ貴重な宝が、求めなかったにもかかわらず、特になにをするのでもないのに、手に入ったのです。こんな嬉しいことはありません」と言って、自身の歓喜を、譬喩を使って表現したというのです。この話は、わたしたちひとりひとりの心に、声聞の領域が具備されているを意味しています。

『法華経』の「方便品」には、「わたし（釈迦牟尼仏）はかつて、こういう誓願を立てました。すなわち、この世の生きとし生けるものすべてを、わたしとまったく同じ境地にみちびき、だれ一人として、例外にしない。この過去の願いは、いまや完璧に満たされました。この世の生きとし生けるものすべてを、仏道にみちびきいれることができたのです」と説かれています。したがって、妙《みょう》覚《がく》と呼ばれる最高の悟りに到達された釈迦牟尼仏は、わたしたち凡人の血肉ではないでしょうか。そして、因行と果徳の功徳は、わたしたちの骨髄ではないでしょうか。

『法華経』の「見宝塔品」には、こう説かれています。「この『法華経』をまもりつたえるということは、わたしと多宝如来を供養することと、まったく同じなのです。多宝如来が宝塔のなかにいらしたまま、つねに全宇宙いたるところを遍歴なさる理由は、ひとえにこの『法華経』のためなのです。また、この『法華経』をまもりつたえるということは、わたしの分身として、全宇宙のいたるところにある仏国土に派遣され、おのおのの仏国土を繁栄させ光り輝かせている如来たちを供養することと、まったく同じなのです」。要するに、釈迦牟尼仏ならびに多宝如来、そして釈迦牟尼仏の分身として全宇宙のいたるところにある仏国土に派遣され、おのおのの仏国土を繁栄させ光り輝かせている如来たちは、わたしたちのように、『法華経』という妙法を受持する者たちひとりひとりの心に具備されている仏の世界そのものなのです。

しかも、『法華経』という妙法を受持、すなわち眼で読み、声に出して唱え、心にかたく信じる者は、釈迦牟尼仏をはじめ、ありとあらゆる仏たちが実践された道を受け継ぎ、諸仏が獲得された功徳をそっくりそのまま受けとることになります。『法華経』の「法師品」に、「『法華経』を一瞬でも聞いた者は、このうえない悟りを必ずきわめます」と説かれている真意は、こういうことです。

『法華経』の「如来寿量品」には、「しかし、わたしが悟りを開いて仏と成ったのは、いまからまったく想像もできないくらい遠い昔、百千万億那由多劫《なゆたごう》（百千万億×千億劫）のことだったのです」

と説かれています。ですから、わたしたち凡人ひとりひとりの心に宿っておられる釈迦牟尼仏は、五百億塵点劫という、ほとんど無限の過去において仏と成られたゆえに、始まりがない古い仏、すなわち「無始の古仏」と呼ばれる永遠不滅の存在であり、しかも法身と報身と応身という三身を一身に完璧に兼ねそなえる仏なのです。

同じく「如来寿量品」には、「わたしが仏と成ってから現在に至るまでには、無限に近い時間が経過しています。この先もずっと、わたしの寿命は無限に近い時間にわたって続き、涅槃には入りません。わたしが大乗菩薩道を実践した結果、獲得した寿命はいまもなお尽きることなく、残された時間は、仏に成ってから現在に至るまでの時間の、さらに倍もあるのです」と説かれています。こう説かれている理由は、わたしたち凡人ひとりひとりの心に宿っておられる菩薩の存在をあきらかにするためなのです。

『法華経』の「従地涌出品」には、釈迦牟尼仏はご自身が涅槃に入られた後、娑婆世界において、『法華経』を護持し、読誦し、書写し、供養することを、大地を割って涌出した無数の菩薩たちにゆだねたと説かれています。これら無数の菩薩たちは、「神力品」では「千界微塵等の菩薩摩訶薩の地より湧出せる者」と表現されています。略称するならば、「地涌千界の菩薩」です。この菩薩たちこそ、わたしたち凡人ひとりひとりの心に宿っておられる釈迦牟尼仏の従者なのです。

歴史上の人物にたとえるならば、太公望《たいこうぼう》と周公旦《しゅうこうたん》が、殷《いん》王朝の紂王《ちゅうおう》を倒して周王朝を開いた武《ぶ》王を臣下として補佐し、幼稚な年代で武王の後継者となった成《せい》王につかえたようなものです。武《たけ》内宿祢《うちのすくね》が神功《じんぐう》皇后に臣下の棟梁としておつかえし、王子時代の仁徳《にんとく》天皇にも臣下としておつかえしたようなものです。要するに、菩薩たちを指導する立場にある上行《じょうぎょう》菩薩や無辺行《むへんぎょう》菩薩や浄行菩薩や安立行《あんりゅうぎょう》菩薩などは、わたしたち凡人ひとりひとりの心に、釈迦牟尼仏の従者として宿っておられる菩薩たちなのです。

中国天台宗第六祖の妙楽大師湛然《たんねん》は、天台大師智顗があらわした『摩訶止観』に註釈した『摩訶止観輔行伝弘決《ぶぎょうでんぐけつ》』において、こう述べています。「まさに知らなければなりません。わたしたちの心が存在する場である身体も、その身体が存在する場である国土も、わたしたち凡人ひとりひとりの心の一念に具備されている三千の法界そのものなのです。したがって、わたしたちが観心、すなわち自己の心の本性を正しく観察してあきらかにする修行を成就して仏と成るとき、身体も国土もわたしたち凡人ひとりひとりの心の一念に具備されている三千の法界そのものなのだという根本の真理と合致して、わたしたち自身の身体と心が真理の世界をあまねく満たしていると体得するのです」

第二段　ひたすら帰命すべき本尊とは何か

第五章　唯一無二の浄土を末法の時代にしめす本門の本尊について

【一】仏の身体も国土も永遠不滅ではない

釈迦牟尼仏《しゃかむにぶつ》はブッダガヤの菩提樹のもとにおいて悟りを開かれた直後、まず最初に、あたかも万華鏡のように互いを映し出す重々無尽の蓮華蔵世界の教主である盧遮那仏《るしゃなぶつ》として、『華厳経』をお説きになりました。それから、クシナガラの沙羅《しゃら》の林のなかで入滅されるまで、五十年以上にわたり、さまざまな浄土についてお説きになりました。『華厳経』では蓮華蔵世界をお説きになりました。『密厳経《みつごんきょう》』や『瑜祇経《ゆぎきょう》』などの密教経典では密厳浄土、つまり身密《しんみつ》（身体活動）と語密《ごみつ》（言語活動）と意密《いみつ》（精神活動）の三密によって構成され、胎蔵《たいぞう》と金剛界《こんごうかい》の両部の法身大日如来《ほっしんだいにちにょらい》がおられる浄土をお説きになりました。

『法華経』の「見宝塔品《けんほうとう》」では、多宝如来の依頼により、神通力を駆使して、わたしたちが今いる娑婆《しゃば》世界を三度にわたり、清浄なる仏の国土に変容させました。すなわち、まず一変として、娑婆世界に大変容が生じ、なにもかもが清浄な状態となりました。次に二変として、東・南・西・北・東南・西南・西北・東北の方向にそれぞれ二百万億×那由佗《なゆた》（千×億）ずつある仏国土に大変容を生じさせ、清浄な状態を用意されました。さらに第三変として、東・南・西・北・東南・西南・西北・東北の方向にそれぞれ二百万億×那由佗（千×億）ずつある仏国土に大変容を生じさせ、清浄な状態になさったのでした。その結果、娑婆世界は漏れなく清浄な状態になりました。

こうして、万物は平等であると共通の立場から見て事物の本質を知る智慧である一切智《いっさいち》、万物は個々別々であると差別的に見て事物の本質を知る智慧である道種智《どうしゅち》、差別にも平等にもとらわれず差別と平等とを同時に生かして事物の本質を知る智慧である一切種智という三つの智慧をもって、以下の三つの惑いを打破しました。その一は見思惑《けんじわく》といって、声聞も縁覚も菩薩も克服すべき対象とされている、後天的に形成される思考の迷いと先天的にもっている感性の惑いです。その二は塵《じん》沙惑《じゃわく》といって、菩薩が生きとし生けるものを教化するために克服しなければならない無量無数の惑いです。その三は無明《むみょう》といって、仏教の根源的な真理をまったくあずからない惑いです。釈迦牟尼仏は娑婆世界を三度にわたり、清浄なる仏の国土に変容させることによって、これら三つの惑いを打破して、娑婆即浄土という真理をあらわされたのです。

釈迦牟尼仏が涅槃《ねはん》の直前に、布施《ふせ》の法門をお説きになった『像法決疑経《ぞうほうけつぎきょう》』では、こう説かれています。釈迦牟尼仏がそのもとに横たわっておられた沙羅林が、見る者が生まれつきそなえている資質によって、以下のとおり、四種類の国土に見えるというのです。第一は凡聖同居土《ぼんしょうどうごど》といって、草木と瓦礫が雑多に入り混じっている場所にたとえられる国土、つまりまだ迷いのさなかにある凡夫と悟りを開いた聖人が同居している国土です。第二は方便有余土《ほうべんうよど》といって、金銀など七宝で立派に荘厳されている場所にたとえられる国土、つまり見思惑を断った声聞《しょうもん》と縁覚《えんがく》の二乗が住む国土です。第三は実報無障礙土《じっぽうむしょうげど》といって、三世の諸仏が修行されている場所にたとえられる国土、つまり無明の煩悩を断って真理に目覚めた菩薩の住む国土です。第四は常寂光土《じょうじゃっこうど》といって、諸仏が体得された不可思議な真実に満ちあふれる最高に幸福な場所にたとえられる国土、つまり永遠に安穏とされる国土です。

しかし、これらの国土もじつは永遠不滅ではないのです。その理由を説明します。

世界は、四つの段階を一つの周期とする変化を永遠に繰り返します。消滅していく時期の壊劫《えごう》、消滅した状態がつづく時期の空劫《くうごう》、生成していく時期の成劫《じょうごう》、生成して存在しつづける時期の住劫《じゅうごう》です。

四種類の国土のうち、次元が低すぎて話にならない凡聖同居土を除く三種類の国土もみな、成劫の過程で、絶えず変化してやまない無常の国土において、仮にその姿をあらわしているにすぎないのです。この点では、阿弥陀仏《あみだぶつ》の安養浄土（極楽浄土）も、薬師如来《やくしにょらい》の浄瑠璃《じょうるり》浄土（瑠璃光浄土）も、大日如来の密厳浄土も同じです。

なぜならば、これらの浄土を建立した諸仏は、じつは『法華経』をお説きになった釈迦牟尼仏の化身であるため、釈迦牟尼仏が涅槃に入ってしまえば、これらの浄土を建立した諸仏もまた連動して入滅してしまい、諸仏が入滅してしまえば、諸仏が建立した浄土もまた滅尽してしまうからです。

【二】本時の娑婆世界

「南無妙法蓮華経」の妙法五字を受持するならば、釈迦牟尼仏が積まれてきた功徳がすべて、おのずからわたしたちに譲り渡されます。すると、釈迦牟尼仏の心とわたしたちの心が一つになります。

こうして、釈迦牟尼仏の心とわたしたちの心が一つになった今、わたしたちがいる娑婆世界は、釈迦牟尼仏が地獄界から菩薩界に至る九界において積まれた修行の功徳（本因）、悟りを開かれた功徳（本果）、現にお住いの国土（本国土）という三妙が一体となり、釈迦牟尼仏とわたしたちと国土も一体となって、住劫のときに繰り返し起こる戦争と疫病と飢饉《ききん》という小の三災からも、また壊劫のときに世界が滅びるにあたり起こる火災と水災と風災という大の三災からも離れ、ひいては壊劫と空劫と成劫と住劫という四つの段階からも脱して、永遠不滅の浄土となるのです。

この浄土では、久遠実成《くおんじつじょう》の釈迦牟尼仏は、過去世において入滅したこともなければ、未来世において生まれるということもありません。しかも、九界を遍歴してわたしたちを教化なさる釈迦牟尼仏と、九界を転々として釈迦牟尼仏から教化されるわたしたちは、同体なのです。

すなわち、「南無妙法蓮華経」の妙法五字を受持したわたしたちの心には、一念三千の法門が具備されているのはもちろん、衆生世間（生命体の領域）と五蘊《ごうん》世間（この世を成り立たせている色＝物質と受想行識＝精神活動の領域）と国土世間（自然環境の領域）の三種世間も具備されているのです。

このような真実については、『法華経』以前の経典はもとより、たとえ『法華経』といえども、前半十四品の迹門ではまだ説かれていません。なぜならば、『法華経』をお説きになったとき、迹門の段階では時期も機会もまだ熟していない、と釈迦牟尼仏がお考えになったからではないでしょうか。

【三】本門の肝心

『法華経』の後半十四品にあたる本門の肝心は、「南無妙法蓮華経」の五文字です。「南無妙法蓮華経」は七文字なのに、五文字という理由は、こうです。

「南無妙法蓮華経」は「南無」と「妙法蓮華経」という二つの要素から構成されています。このうち、「南無」は「帰依いたします」という意味ですから、「行（行法）」です。一方、「妙法蓮華経」は「経典」ですから、「教え（教法）」です。そして、「行」と「教え」は絶対に切り離せない関係にあります。つまり、「教え」は「行」なくして成り立たず、「行」もまた「教え」なくして成り立ちません。ですから、「妙法蓮華経」の五文字は「南無妙法蓮華経」の七文字であり、「南無妙法蓮華経」の七文字は「妙法蓮華経」の五文字なのです。そこで、「南無妙法蓮華経」の五文字というのです。

本門の肝心である「南無妙法蓮華経」の五文字について、釈迦牟尼仏は、最高の境地に達している文殊《もんじゅ》菩薩や薬王《やくおう》菩薩などにも、ひろめるように託されませんでした。ましてや、文殊菩薩や薬王菩薩などに比べればはるかに劣る境地にしか達していない菩薩たちに、ひろめるように託されるはずがありません。

唯一、『法華経』の「従地涌出品《じゅうじゆじゅつ》」や「如来神力品《にょらいじんりき》」に説かれているとおり、大地からあたかも千界の微塵のごとく涌出した大菩薩たちにのみ、「南無妙法蓮華経」の五文字をひろめるように託されたのです。なぜならば、これらの大菩薩たちは、釈迦牟尼仏が久遠の過去世からみずから教化されてきた者たちだからです。

そして、「従地涌出品」から「属累品《ぞくるい》」に至る八品をお説きになって、末法の世に、「南無妙法蓮華経」の五文字をひろめるように託されたのです。

【四】本尊のお姿

わたしたちが信仰し、礼拝の対象とすべき本尊は、本門をお説きになった釈迦牟尼仏です。

そもそも、本尊という言葉には、根本尊崇《そんすう》と本来尊重と本有《ほんぬ》尊形《そんぎょう》という三つの意味が秘められています。根本尊崇とは、世界の根源として尊崇されるべきものの姿という意味です。本来尊重とは、わたしたち自身の生命の本来あるべき姿として尊重されるべきものの姿という意味です。本有尊形とは、久遠の過去世から有ったのに今まで隠れていた尊い存在が現れた姿という意味です。これら三つがすべてそなわっていなければ、真の本尊とはいえません。

大地からあたかも千界の微塵のごとく涌出した大菩薩たちに、本門の肝心である「南無妙法蓮華経」の五文字をひろめるように託されたときの本尊のお姿は、以下のとおりです。

久遠実成の教主である釈迦牟尼仏によって、永遠不滅の理想郷が実現した娑婆世界の虚空《こくう》上に、多宝塔が浮かんでいます。多宝塔のなかには、中央に「南無妙法蓮華経」という五文字があり、その左に釈迦牟尼仏が、右に多宝如来が、坐しておられます。

お二人の仏の左右には、脇侍《きょうじ》として、地涌の菩薩を代表する上行菩薩と無辺行菩薩と浄行菩薩と安立行菩薩がならんでおられます。

その下には、文殊菩薩と弥勒《みろく》菩薩と薬王菩薩と普賢《ふげん》菩薩が、従者として、末座に坐しておられます。この四人の菩薩たちは、迹家といって、釈迦牟尼仏が久遠実成の本仏であることを秘したまま、生きとし生けるものを導くために、娑婆世界に出現されたときに、教化された者たちの代表です。

そのほか、四人の菩薩たち以外に、釈迦牟尼仏が迹家として、生きとし生けるものを導くために、娑婆世界に出現されたときに、教化された菩薩たち、ならびに娑婆世界以外の世界から来訪した菩薩たちは、あたかも数限りない人々が大地に坐して、高貴な方々を仰ぎ見るように、多宝塔を仰ぎ見ています。

さらに、全宇宙から、釈迦牟尼仏の説法を讃嘆するために集まってきた釈迦牟尼仏の分身たちは、大地のうえに坐しておられます。なぜならば、これらの分身は、久遠実成の本仏が生きとし生けるものを教化するために、一時的に姿をあらわした仏、つまり迹仏だからです。

このような本尊は、釈迦牟尼仏が悟りを開かれてから入滅されるまでの五十余年間には説かれていませんでした。最後の八年間に、『法華経』の「従地涌出品」から「属累品」に至る八品をお説きになったときにしか説かれていません。

　正しい教えと正しい教えにもとづいて修行する者とその結果としての悟りが三つともあった正《しょう》法《ぼう》時代、および正しい教えと正しい教えにもとづいて修行する者がいてももはや悟りを開けない像《ぞう》法《ぼう》時代の千年間を合わせた二千年の間、小乗仏教の釈迦牟尼仏は大《だい》迦葉《かしょう》尊者と阿難《あなん》尊者を両脇侍として従えていました。『法華経』以外の大乗経典、ならびに『涅槃経』や『法華経』の迹門では、釈迦牟尼仏は文殊菩薩や普賢菩薩を両脇侍として従えていました。

　これらの仏菩薩は彫像や画像にされてきました。しかし、『法華経』の「如来寿量品」において、本門の教主として、初めてあきらかにされた久遠実成の仏が、眼に見えるかたちで表現されたことはありませんでした。末法時代に突入した今こそ、まさに初めて、この仏像を出現させなければならないのではないでしょうか。

第三段　大いなる教えを広めるのは誰か

第六章　末法《まっぽう》時代だからこそ、『法華経』を広めなければならない

【一】「如来寿量品」の本尊は、なぜ『法華経』の本門で説きあかされるのか

（二十一）質問いたします。正法《しょうぼう》時代と像法《ぞうぼう》時代の千年間を合わせた二千年の間、生きとし生けるものをそれぞれの資質に応じて悟りへ導く菩薩たちや学僧たちなどは、阿弥陀《あみだ》仏や薬師《やくし》如来や大日《だいにち》如来のような釈迦牟尼《しゃかむに》仏以外の仏像はもとより、小乗仏教や『法華経』以前あるいは『法華経』以外の大乗経典に説かれる釈迦牟尼仏の尊像もしくは寺院や仏塔を建立してきましたが、『法華経』の本門に説かれる本尊や四大菩薩を、インドと中国と日本の三国の国王も臣下もいまだ崇め尊んだことがない、とあなたはおっしゃいました。

お話をおおむねうかがったところ、なにしろ前代未聞の内容ですので、耳も眼も驚かされるばかりで、心は惑い、頭は混乱してしまいます。お願いですから、もう一度、説明してください。もっと詳しくうかがいたいのです。

お答えいたします。『法華経』は全体で八巻の二十八品です。釈迦牟尼仏は、料理の味にたとえるならば、最高の醍醐《だいごみ》味にあたる『法華経』をお説きになる前に、搾りたての乳のままの味にあたる華厳《けごん》時、少しだけ熟成が進んだ酪《らく》味にあたる鹿苑《ろくおん》時（阿含時）、かなり熟成が進んだ生蘇《しょうそ》時にあ

たる方等《ほうとう》時、熟成が完了した熟蘇時にあたる般若《はんにゃ》時の四味をお説きになりました。また、『法華経』をお説きになった後で、『涅槃《ねはん》経』などをお説きになりました。

これら釈迦牟尼仏がその生涯にわたりお説きになったもろもろの経典は、もし総括するならば、一つの体系とみなすことができます。ブッダガヤの菩提樹のもとにおいて悟りを開かれた直後にお説きになった『華厳経』から始まって、『阿含《あごん》経』をお説きになり、次いで初期の大乗経典である『維摩《ゆいま》経』や『勝鬘《しょうまんぎょう》経』などをお説きになり、さらに『般若経』をお説きになりました。

経典は、その内容から解釈するならば、三段に分けられます。すなわち、その経典が説かれる理由や由来を述べる序分、経典の本論が説かれる正宗《しょうしゅう》分、経典の利益をかかげて正宗分の流通をうながす流通《るずう》分です。釈迦牟尼仏がその生涯にわたりお説きになったもろもろの経典を、「一代三段」といって、この三段に分けるとするならば、『華厳経』から『般若経』までは序分にあたります。『無量義《むりょうぎ》経』と『法華経』と『普賢《ふげん》経（観普賢菩薩行法経）』の十巻は正宗分にあたります。そして、『涅槃経』は流通分にあたります。

正宗分にあたる『無量義経』と『法華経』と『普賢経』の十巻は、その中にさらに序分と正宗分と流通分があります。『無量義経』と『法華経』の「序品」は、序分にあたります。「方便品《ほうべんぽん》」から「分別功徳品《ふんべつくどくほん》」の十九行の偈《げ》に至る合計十五品半が、正宗分にあたります。ちなみに、この十九行の偈は広開近顕遠《こうかいごんけんのん》と称されます。なぜならば、釈迦牟尼仏が現世において初めて悟りを開いて仏と成ったという始成《しじょうしょうがく》正覚の説を開いて、つまり真意を明かされて、ほんとうは五百塵点劫《じんてんごう》というほとんど久遠《くおん》の過去から仏であったと説き明かす「如来寿量《にょらいじゅりょう》品」を聞いた者が得る功徳について、弥勒《みろく》菩薩が十九行の詩句にして述べているからです。

そして、「分別功徳品」の現在の四信、すなわち一瞬間でも信じることで膨大な功徳を得て不退転の境地に達する一念信解《いちねんしんげ》、「如来寿量品」に説かれている内容を理解することで仏の最高の智慧を起こす略解言趣《りゃくげごんしゅ》、他人に『法華経』をひろめることで一切を知る仏の智慧を得る広為他説《こういたせつ》、心の底から信じることで仏が常住されていることを自分の眼で確かめる深信観成《じんしんかんじょう》が説かれている部分から後の十一品半、および『普賢経』一巻が流通分にあたります。

また、『無量義経』と『法華経』と『普賢経』の十巻は、迹門《しゃくもん》と本門《ほんもん》の二経もしくは二門に分けられます。そして、迹門にも本門にも、それぞれ序分と正宗分と流通分がそなえられています。

迹門の部分では、『無量義経』と『法華経』の「序品」は序分にあたります。同じく、「方便品」から「授学無学人記《じゅがくむがくにんき》品」に至るまでの八品は正宗分にあたります。「法師《ほっし》品」から「安楽行《あんらくぎょう》品」に至る五品は流通分にあたります。

この部分を説いた教主を論じるならば、まだご自身がほんとうは久遠実成の仏であることを明らかにされていないので、ブッダガヤの菩提樹のもとにおいて始めて悟りを開かれたとされる始成正覚の仏にほかなりません。したがって、その説法の内容は本無、つまり真実の一念三千《いちねんさんぜん》は明かされていません。それでも今有《こんぬ》、つまりこれまで誰も明かさなかった、声聞乗も縁覚乗も成仏できるという二乗作仏が明かされ、十界互具《じっかいごぐ》と百界千如《ひゃっかいせんにょ》もいちおうは明かされています。

「法師品」に「わたしが説く経典の数は、千×万×億にものぼります。過去に説きましたし、現在も説いていますし、未来も説くでしょう。そのなかで、この『法華経』こそ、もっとも信じがたく、もっとも理解しがたいものです」と説かれています。要するに、『法華経』が説かれた時点を現在とするならば、過去において『法華経』以前の経典がすでに説かれ、現在において『法華経』と同じ時期に『無量義経』が説かれ、未来において『法華経』よりも後に『涅槃経』が説かれることになります。

そして、二乗作仏が明かされ、十界互具と百界千如もいちおうは明かされている迹門の教えは、『法華経』以前の経典をも『無量義経』をも『涅槃経』をも、はるかに超越する釈迦牟尼仏の率直な思いが説かれているのです。まさに、世の常の人には信じがたく理解しがたい正法にほかならないのです。

このような迹門の教えについて、釈迦牟尼仏が人々を悟りに導くためにむすばれた過去世の縁をたどっていくと、「化城喩品」にこう説かれています。大通智勝《だいつうちしょう》如来が出家し成道される前に、まだ王位にあったときに得た十六人の王子の末子として、釈迦牟尼仏は生まれました。

やがて父の後を追って出家し、見習い僧となった十六人の王子たちに、大通智勝如来は『法華経』をお説きになって下種、つまり仏と成る種を植え付けられたのでした。大通智勝如来が深く長い瞑想に入ってしまわれると、今度は十六人の王子たちが人々に繰り返し『法華経』を説いて、下種したのです。

十六人の王子の末子として生まれた、過去世における釈迦牟尼仏も、もちろん繰り返し『法華経』を説いて、下種されました。その後、五味のうちの前四味、すなわち搾りたての乳のままの味にあたる『華厳経』、少しだけ熟成が進んだ酪味にあたる『阿含経』、かなり熟成が進んだ生蘇時にあたる方等部の諸経典、熟成が完了した熟蘇時にあたる『般若経』を、補助的な教えとして説き、「化城喩品」に説かれている大通智勝如来による下種を、人々に告知されたのです。

ただし、これは釈迦牟尼仏の本意ではありませんでした。前四味の経典にまつわる説教は、『法華経』の説教に比べれば毒にたとえられますが、それでも煩悩という猛毒を滅するには多少なりとも役に立つということです。声聞や縁覚、あるいは凡夫などは、前四味の経典にまつわる説教をきっかけとして、少しずつ『法華経』に近づいていくにつれ、かつて植え付けられた種が芽吹き、ついには『法華経』の説法を聞いて花開き、実を結ぶことになるというのは、このようないきさつにほかなりません。

また、釈迦牟尼仏が在世しておられたとき、『法華経』の「方便品」から「授学無学人記品」に至るまでの八品の説教を初めて聞いた神々や人々のうち、ある者はそのなかの一字一句を、あるいはたった一つの詩句を聞いいただけで、仏と成る種を植え付けられました。ある者は過去世において植え付けられた仏と成る種をさらに熟成させました。ある者は過去世において植え付けられた仏と成る種が実りを得て、解脱《げだつ》しました。

さらに、ある者は『法華経』の結経にあたる『普賢経』や『涅槃経』などの説教を聞いて、ある者は釈迦牟尼仏が入滅された後の正法の時代、像法の時代、末法の時代になってから、小乗経典の教えや『法華経』以外の大乗経典の教えをきっかけとして、『法華経』の悟りに入るのです。

これらの者たちは、すでに述べたとおり、釈迦牟尼仏が在世されていたときに、前四味の経典に説かれている補助的な教えを受けて解脱を得た者たちとなんら変わりません。

また、本門の十四品を一つの経典とみなすならば、そこに序分と正宗分と流通分があります。「従地涌出品」の前半部分が序分、「従地涌出品」の後半部分から「如来寿量品」全部と「分別功徳品」の前半部分までが正宗分、「分別功徳品」の後半部分から「普賢菩薩勧発品」に至る部分に『普賢経』一巻をくわえた部分が流通分になります。

この部分の教主を論じるならば、現世で始めて仏と成ったとされる始成正覚の釈迦牟尼仏ではなく、無限の過去世ですでに悟りを開いていた久遠実成の仏なのです。したがって、説かれている法門もまた、天と地のように、絶大な隔たりがあります。

まず、十界が久遠常住、つまり永遠不滅であると明かされています。しかも、人間のような有情《う じょう》の身体（正報）が久遠常住なだけでなく、自然や植物のような非情を含む国土世間（依報）もまた久遠常住であると明かされています。その結果、たとえるならば、わずかに竹の内側にある非常に薄い膜しか残されていないほどにまで、最高真理である一念三千の法門に近づこうとしているのです。

また、迹門の説はもとより、前四味にあたる『華厳経』や『阿含経』や方等部の諸経典や『般若経』、さらには『無量義経』や『涅槃経』に説かれているような、過去に説かれ、現在に説かれ、未来に説かれる三つの説は、どれもこれも凡夫たちの資質に応じて説かれた便宜的な説なので、信じやすく理解しやすい代わりに、真実の教えではないのです。それに対し、本門の説は、以上の三つの説とは次元がまったく異なり、最高真理であるがゆえに信じがたく理解しがたい教え、釈迦牟尼仏がほんとうにお説きになりたかった教えにほかならないのです。

また、本門においても、そこに序分と正宗分と流通分があります。

三千塵点劫という膨大な時間をさかのぼる過去世において、大通智勝如来が在世されていたとき、その十六番目の王子として生まれた釈迦牟尼仏がお説きになった『法華経』から始まり、現世に生を得てブッダガヤの菩提樹のもとで悟りを開かれ釈迦牟尼仏と成られた直後にお説きになった『華厳経』、そして『法華経』の迹門の十四品、『涅槃経』など、五十余年にわたりお説きになったもろもろの経典はもちろん、全宇宙の過去世と現在世と未来世の三世に、もろもろの仏たちによって説かれた、説かれる、説かれるであろう微塵のごとく膨大な数の経典は、一つの例外もなく、『法華経』の「如来寿量品」の序分なのです。

要するに、「如来寿量品」ならびに「従地涌出品」の後半部分と「分別功徳品」の前半部分以外は、劣位の教え（小乗教）と呼ばれ、正しい認識に達しない教え（邪見教）と呼ばれ、絶対に悟りに至れえない教え（未得道教）と呼ばれ、釈迦牟尼仏が説かれた真実の世界を覆い隠している教え（覆相教）と呼ばれます。そして、これらの教えに執着する者たちの資質を論じるならば、福徳が薄く、煩悩の垢にまみれ、幼稚で、心貧しく、孤立して頼りになる人が誰もいない者たちであり、鳥や獣のような者たちです。

ここまで述べてきたとおり、『法華経』以前の経典や『法華経』の迹門に説かれているのは円教《えんぎょう》、すなわちすべてを包摂する完璧な教えのように考えられがちですが、円教以外の教えが含まれているので、真の円教とは言えません。したがって、成仏の決定的な原因にはなりえません。

ましてや、『大日経』などのような劣った教えしか説かれていないもろもろの経典はもちろん、華厳宗や真言宗をはじめとする七つの宗派などを創設した教学者や祖師たちの教えが、成仏の決定的な原因になるはずがありません。これらの教えは、仮に同情的な立場から論じても、せいぜい蔵《ぞう》教（小乗仏教の教え）や通《つう》教（小乗仏教と大乗仏教に共通する教え）や別《べっ》教（大乗仏教の教え）の範囲内にとどまっていて、円教とはとうてい認められません。仮に批判的な立場から論じるならば、蔵教や通教の範囲内にとどまっているのです。

これらの教えを信奉する者たちが、たとえ自分たちの信奉する教えは、それぞれの段階ではこのうえなく深い教えだと主張しても、空理空論にすぎません。なぜならば、仏と成る種を有情に植え付ける下種益も、植え付けられた種を成熟させるために有情を教化し資質を向上させる熟益も、熟した果実を収穫するように衆生を成仏させて苦悩から解き放つ脱益も、論じていないからです。それどころか、小乗仏教が最高の境地として求めた灰身滅智《けしんめっち》、つまり心身ともに無に帰するという虚無的な境地となんら変わらないことになってしまいます。

いわゆる「化導の始終無し」、すなわち仏による教化の始まりである下種益もなければ、同じく教化の終わりである脱益もないとは、まさしくこういうことです。たとえるならば、いくら高貴な身分の王女であろうとも、けだものの子を宿すならば、生まれてくる子は最下級の者よりもさらに劣るようなものです。この件についてはあとで述べるとして、今ここではこれ以上は述べません。

『法華経』迹門の十四品のうち、正宗分にあたる「方便品」から「授学無学人記品」に至る八品をおおよそ見ると、声聞乗と縁覚乗の二つの乗を中心に説いていて、菩薩や凡夫は横に置かれています。しかし、もう一度よく検討してみると、実は正法時代と像法時代と末法時代の凡夫を中心に説いていることがわかります。そして、正法時代と像法時代と末法時代という三つの時代のなかでも、わたしたちが今いる末法時代の初めを、中心の中の中心として、説いているのです。

【三】末法時代の凡夫にこそ、下種が約束されている

（二十二）質問いたします。わたしたちが今いる末法時代の初めを、中心の中の中心として、説いているという証拠はあるのでしょうか。

お答えいたします。迹門の流通分にあたる「法師品」に、こう説かれています。

この経典は、わたしが生きている現在でも、多くの者から怨《うら》まれたり妬《ねた》まれたりしています。まして、わたしが入滅したあととなれば、もはや言うまでもありません。

「見宝塔品」には、こう説かれています。

多宝如来は、遠い遠い過去において、完全な涅槃にお入りになっていながら、生前にお立てになった偉大な誓願ゆえに、『法華経』をまもりつたえるという決意を獅子吼《ししく》なさいました。多宝如来とわたし釈迦如来はもとより、ここに集まってきたわたしの分身の如来たちも、『法華経』をまもりつたえるという決意表明を聞きたいのです。さあ、如来の子どもたちよ。いったい誰がこの『法華経』をまもりつたえるのでしょうか。『法華経』を永遠にまもりつたえるという偉大な誓願を、お立てなさい。

また、こうも説かれています。

この娑婆世界において、『法華経』をひろく説く者はいますか。いまこそ、『法華経』を説くべきときなのです。なぜなら、わたしは近々、涅槃に入るからです。だから、わたしは『法華経』の宣布をだれかに委嘱しようと考えているのです。

さらに、「勧持品《かんじほん》」には、菩薩たちの誓願として、以下のような詩句が説かれています。

お願いでございます。ご安心ください。

釈迦如来が完全な涅槃にお入りになったのちの、恐怖に満ちた悪しき時代においても、わたしたちはこの『法華経』を説きひろめましょう。

智慧のない愚か者たちは、わたしたちにむかって、悪口雑言を吐き、罵倒し、刀や棒を振りまわすかもしれません。しかし、わたしたちはめげません。

悪しき時代に生まれ合わせた僧侶たちは、奸智《かんち》にたけ、心はねじ曲がり、真の涅槃をまだ得ていないにもかかわらず、もう得ていると思い込んで、高慢な態度に終始するでしょう。

あるいは、森林のなかで襤褸《ぼろ》をまとい、人里離れたところで、自分だけがほんとうの修行に励んでいると妄想して、ほかの人々をばかにする者もいるでしょう。

物欲にとらわれている者が、在家の人々に説法し、世界中どこでも透視できる天眼通、自分と他人の過去世を知る宿命通、煩悩を断絶して悟りを得る漏尽通、空中飛行できる神足通、世界中の声を聞ける天耳通、他人の心中を知る他心通という六つの神通力をすべてそなえた阿羅《あら》漢《かん》のように、尊敬されるでしょう。

こういうたぐいの連中は、憎しみの心をいだき、いつも世俗の栄達ばかりを求め、森林のなかできびしい修行をしているようなふりをして、わたしたちをいじめようとするでしょう。

そして、こう言うのです。「こいつらは、物欲のとりこになって、外道の教えを説いているのだ。自分勝手にでたらめな経典を捏造《ねつぞう》し、世の人々をまどわそうとしているのだ。名誉欲に駆られて、いかにも偉そうに、こんな経典をひろめているのだ」と。

かれらはおおぜいの人々のなかで、わたしたちをそしりたいがために、国王や大臣やバラモン僧やそのほかの宗教者にむかって、わたしたちがいかに悪い奴か、言いふらすでしょう。

「こいつらはあやまった見解の持ち主で、外道の教えを広めようとしているのだ」と。

しかし、わたしたちは釈迦如来を真に敬愛していますから、どんなにいじめられても、耐えしのびます。

あなどられて、「おまえらは如来になるんだそうだな」と言われても、そのどうしようもない軽蔑の言葉すら、一つのこらず、甘受しましょう。

汚れた悪しき時代には、ありとあらゆる恐怖が世を支配するでしょう。悪魔が人間のすがたをとって、わたしたちをののしり、いじめ、はずかしめるでしょう。

わたしたちは釈迦如来をかたく信じて、忍耐という鎧を身にまとうでしょう。この『法華経』を説くためなら、どんな困難も耐えましょう。

わたしたちは身体も生命も惜しみません。わたしたちが惜しむのは、このうえなく正しい教えのみです。

わたしたちは未来世において、釈迦如来から委嘱されたこの『法華経』を護持いたします。

ご存じのとおり、汚れた世の悪しき僧侶たちは、如来が方便を駆使することも知らず、また相手と状況に応じて臨機応変に教えを説くことも知らず、わたしたちにむかって悪口雑言し、眉をひそめるでしょう。わたしたちはお寺から追い出され、お寺に近づくことすらできなくなるかもしれません。

しかし、このようなもろもろの苦難に遭遇しても、釈迦如来からのご命令を思いおこして、耐えしのびます。

村であろうと街であろうと、この『法華経』を求める者があれば、それがどこであれ、出掛けていって、釈迦如来から委嘱された教えを説きます。わたしたちは釈迦如来からつかわされた使者なのです。相手がだれであろうと、恐れるところはなに一つありません。

わたしたちは必ずや釈迦如来から委嘱された教えを説きます。ですから、安心して、完全な涅槃にお入りください。

わたしたちは、釈迦如来の御前で、また全宇宙からここに集まっておいでの如来たちがご照覧になる前で、以上のような誓いを立てます。釈迦如来様、お願いでございます。わたしたちの心をおくみとりください。

「安楽行品」には、釈迦如来が涅槃に入ったのちに、『法華経』を宣布する菩薩たちが心得ておくべき四つの条件（四法）が説かれています。以下にその概略を記します。

もし、これらの菩薩たちが、わたしが完全な涅槃に入ったのちの悪しき時代において、この『法華経』を説きひろめようとのぞむならば、以下に述べる四つの条件（四法）をそなえる必要があります。

第一に、菩薩としての善きおこないと正しい交際関係を実現したうえで、生きとし生けるもののために、この『法華経』を説法しなさい。また、つねに坐禅をたしなんで、だれにも邪魔されない静かなところで、精神統一に精進しなさい（身安楽行）。

第二に、この『法華経』を説きひろめようとするならば、柔軟なやりかたを実践しなさい。具体的にいえば、説法するときも経典を読むときも、人を批判したり経典のあやまちを指摘したりしてはなりません。また、ほかの説法者を軽んじたりしてはなりません。他人の良いところや悪いところ、あるいは長所や欠点を、いちいちあげつらってはなりません（口安楽行）。

第三に、正しい教えが滅びようとしているとき、この『法華経』をいちずに信じ、読み、記憶しようとする菩薩は、嫉妬《しっと》や嘘偽りの心をいだいてはなりません。また、悟りへの道に精進している者を、軽蔑したり、長所や短所をいちいちあげつらってはなりません（意安楽行）。

第四に、正しい教えが滅びようとしているとき、この『法華経』をいちずに信じる菩薩は、相手が在家であろうと出家であろうと、おおいなる慈愛の心を起こしなさい。たとえ菩薩ではない人々を相手にするときであっても、そういうときにこそ、おおいなる慈愛の心を起こしなさい（誓願安楽行）。

迹門ですら、このように説かれているのです。まして、本門について考察するとき、末法の初めこそ、『法華経』の宣布にとって絶好の機会にほかならない、とひたすら説かれていることに、疑問の余地はまったくありません。

つまり、おおむねこういうことです。

「如来寿量品」に、こう説かれています。「わたしが悟りを開いて仏となった時点から現在にいたるまでに、百×千×万×億×千億×十の五十六乗劫もの時間がたっているのです。その間ずっと、わたしはこの世で、真実の法を説き、生きとし生けるものを教化してきたのです。また、ほかの百×千×万×億×千億×十の五十六乗もの世界でも、生きとし生けるものすべてに、真実の法を説き、教化してきたのです」。ということは、久遠の過去において、すでに下種はなされていたのです。これが久遠実成の仏による下種です。

その後、「化城喩品」に説かれているとおり、五百×千×万×億×千億×十の五十六乗の三千大千世界を、だれかが粉々に砕いて原子にし、その原子のうちの一個を手に持って、東の方向にむかい、五百×千×万×億×千億×十の五十六乗もある仏国土を通り越してから、その原子を置く。このようにして、すべての原子を全部、置き終わったとしても、まだ終わらないくらい膨大な時間（三千塵点劫）をさかのぼる過去世において、大通智勝如来（偉大な神通の智慧をもちいて勝利する如来）が、出家される前に第十六王子として生まれた釈迦菩薩に、『法華経』をお説きになって下種されました。さらに、大通智勝如来が深く長い瞑想に入ってしまわれると、今度は釈迦菩薩が人々に繰り返し『法華経』を説いて、下種されたのです。これが三千塵点劫の下種です。

さらに、釈迦牟尼仏は五十年間におよぶ説法のうち、『法華経』をお説きになる前の四十二年間に、前四味と呼ばれるさまざまな経典、すなわち搾りたての乳のままの味にあたる『華厳経』、少しだけ熟成が進んだ酪味にあたる『阿含経』、かなり熟成が進んだ生蘇時にあたる方等部の諸経典、熟成が完了した熟蘇時にあたる『般若経』を、お説きになりました。

そして、『法華経』の迹門をお説きになりました。

以上の三千塵点劫の下種から始まり、前四味の説法がなされ、『法華経』の迹門が説かれた段階に至って、いよいよ悟りという果実が成熟を遂げたのです。

そして、ついに本門に至って、等覚とか妙覚と呼ばれる最高次元の悟りに到達させたのです。ちなみに、大乗仏教の菩薩が修行して到達する境地は、全部で五十二の階位が設定されています。そのうち、下から数えて五十一番目にあたり、菩薩が到達できる最高位が等覚です。さらにその上の、すべての煩悩を断じ尽くして、真理を悟った仏の階位が妙覚です。等覚と妙覚の違いは、等覚が元品の無明、すなわち根源的な無知をまだ残しているのに対し、妙覚はそれすらも断じ尽くしているところに求められますが、これ以外はほとんど同じ階位です。

もう一度よく考えてみると、本門と迹門とでは、やはり見解が異なっています。なぜならば、本門の教えは、序分も正宗分も流通分も、ことごとく末法の初めに生きる者たちのために説かれているからです。

釈迦牟尼仏が在世されていたときに霊鷲山《りょうじゅせん》でお説きになった『法華経』の本門は教えにおいて完璧であり、末法の初めは時の認識において完璧です。ただし、釈迦牟尼仏が在世されていたときに霊鷲山でお説きになった『法華経』の本門は、解脱を得させるための教えなのに対し、末法の初めという時における『法華経』の本門は、下種の教えである点は、異なります。要するに、釈迦牟尼仏が在世されていたときに霊鷲山でお説きになった『法華経』の本門は、「従地涌出品」の後半部分から「如来寿量品」全部と「分別功徳品」の前半部分までに集約された教えなのに対し、末法の初めという時における『法華経』の本門は、ただひたすら「南無妙法蓮華経」という妙法五字を受持、すなわち眼で読み、声に出して唱え、心にかたく信じる教えなのです。

【三】末法に生きる凡夫のためにこそ、下種が約束されているという教えを証明する経文

（二十三）質問いたします。『法華経』の後半十四品にあたる本門は、序分も正宗分も流通分も、ことごとく末法を前提にしているとおっしゃいますが、それを証明できる経文はあるのでしょうか。
お答えいたします。「従地涌出品」に、こう説かれています。

そのときのことでした。娑婆世界以外のさまざまな仏国土から来ていた、八つのガンジス河の砂の数よりも多い菩薩たちが、釈迦牟尼仏の説法を聞くためにあつまっていた者たちのなか

から起ち上がり、釈迦牟尼仏にむかって合掌し敬礼して、こう申し上げたのです。

「世尊が完全な涅槃にお入りになったのち、この娑婆世界において、精進努力し、この『法華経』を護持し、読み、記憶し、書き写して供養することを、わたしたちにお許しいただけるのであれば、この娑婆世界において、この『法華経』を必ずや説きひろめます」と。

この言葉をお聞きになった釈迦牟尼仏は、菩薩たちにこう返答されました。

「やめなさい。みなさん。あなたたちがこの『法華経』を護持する必要はありません」

この経文は、「法師品」から「安楽行品」までの五品の経文とは、説かれている内容があたかも火と水のように異なっています。なぜならば、「見宝塔品」の末尾に近いところに、こう説かれているからです。

とてつもない大きなお声で、出家僧と尼僧と男女の在家信者たちに、こうおっしゃったのでした。

「この娑婆世界において、『法華経』をひろく説く者はいますか。いまこそ、『法華経』を説くべきときなのです。なぜならば、わたしは近々、涅槃に入るからです。だから、わたしは『法華経』の宣布を誰かに委嘱しようと考えているのです」

たとえ、釈迦牟尼仏お一人だけが、このように要請されたとしても、薬王菩薩をはじめとする大菩薩たち、大梵天王、帝釈天王、日天、月天、四天王たちは、尊重しなければなりません。まして、多宝如来はもとより、全宇宙から出現された釈迦牟尼仏の分身仏までが、集会に招かれた仏として、釈迦牟尼仏の要請に賛同し、この娑婆世界で『法華経』をひろく説きなさい、と皆々にいましめさとされたのです。

「勧持品」には、もろもろの菩薩たちが、このように懇切丁寧な委嘱を耳にして、「わたしたちは自分の身も命も愛しません」という誓いを立てた、と説かれています。これは、ひとえに釈迦牟尼仏のお心にかなおうとしたからです。

それにもかかわらず、あっという間に釈迦牟尼仏は前言をひるがえし、八つのガンジス河の砂の数よりも多い菩薩たちに対して、「やめなさい。みなさん。あなたたちがこの『法華経』を護持する必要はありません」と、娑婆世界における『法華経』の宣布を制止されたのです。娑婆世界における『法華経』の宣布を制止されて、菩薩たちは釈迦牟尼仏のお心をどうにも理解できず、困り果ててしまいました。たしかに、このいきさつは凡人の智慧ではとうてい理解できません。

この件について、天台大師智顗は『法華文句』巻九上において、「前三後三の六釈」という構想にもとづいて、経文を解釈しています。

「前三の釈」とは、こういう内容です。

娑婆世界以外のさまざまな仏国土から来ていた、八つのガンジス河の砂の数よりも多い菩薩たちが、娑婆世界における『法華経』の宣布を制止された理由は、以下の三つあります。

第一に、他の仏国土から来ていた菩薩たちには、おのおの仏国土において、それぞれなすべき任務があるので、娑婆世界で活動すると、なすべき任務に支障をきたす。第二に、他の仏国土から来ていた菩薩たち、娑婆世界との結縁が薄いので、大きな成果は期待できない。

第三に、他の仏国土から来ていた菩薩たちに、娑婆世界における『法華経』の宣布を許すと、地涌の菩薩を召し出すことができず、地涌の菩薩を召し出すことができないと、迹を破し久遠を顕すことができなくなる、すなわち始成正覚を開いて久遠実成を顕すことができなくなる。

「後三の釈」とは、こういう内容です。

娑婆世界以外のさまざまな仏国土から来ていた、八つのガンジス河の砂の数よりも多い菩薩たちが、娑婆世界における『法華経』の宣布を制止され、下方から菩薩たちを召し出した理由は、以下の三つあります。

第一に、大地の裂け目から出現した菩薩たちは、わたし（久遠の仏）がみずから育て上げてきた真の弟子なのだから、『法華経』を宣布するのにふさわしい。

第二に、大地の裂け目から出現した菩薩たちは、娑婆世界と深く広い縁があるので、『法華経』を宣布するのにふさわしい。それに対し、全宇宙から出現された釈迦牟尼仏の分身仏は、おのおのが分身として担当する仏国土において活動してこそ、成果を得られる。他の仏国土から来ていた菩薩たちは、他の仏国土において活動してこそ、成果を得られる。

第三に、下方から菩薩たちを召し出すことによって開近顕遠、すなわちわたし（釈迦牟尼仏）が今世ではじめて成仏したという始成正覚は方便であり、ほんとうは久遠の過去にすでに成仏していたという久遠実成を、明らかにすることができる。

要するに、迹門の教化を受けた菩薩たち、および他の仏国土から来ていた菩薩たちには、釈迦牟尼仏の内証、つまり内心の至高の悟りにほかならない「如来寿量品」を授与するわけにはいかないということです。なぜならば、末法の初めに遭遇している国は、正法を誹謗中傷する国になっていて、悪逆の能力しか持ち合わせていない者ばかりだからです。このような状況に、迹門の教化を受けた菩薩たちや他の仏国土から来ていた大菩薩たちでは、対応できません。そこで、迹門の教化を受けた菩薩たちや他の仏国土から来ていた菩薩たちが、『法華経』の宣布を誓ったとき、それを制止したのです。

その代わり、娑婆世界の大地の下にある虚空界から、大菩薩たちを召し出し、「如来寿量品」の肝心である「妙法蓮華経」の五文字を、全宇宙の生きとし生けるものすべてに授与させたのでした。このような結果になったのは、迹門の教化を受けた者たちは、久遠の過去において、釈迦牟尼仏が初めて悟りを求めて修行をはじめ、ついに悟りを開いたときからずっと仏にお仕えし、その指導を受けてきた弟子たちではなかったからです。

この件について、天台大師智顗は『法華文句』会本の二十五の二十六に、「下方から召し出された菩薩たちは、久遠の仏であるわたしの弟子である。（したがって）わたしの法をひろめるのにふさわしい」と解釈しています。ちなみに、会本とは、本文とは別に書かれていた註釈書を、本文の当該する部分に合わせて配置し、一冊の本に再構成した書籍です。妙楽大師湛然は『法華文句記』二十五の二十六に、「如来寿量品に、毒薬を飲んでしまい苦しんでいた子どもたちが、すぐれた医師である父親が調合した薬を飲んで回復したと説かれているように、久遠の仏の弟子が久遠の仏の教えを広めれば、世の人々の欲望に応じて真理を説き、人々を喜ばせるという利益がある」と述べています。さらに、中国天台宗の僧侶で、日本に初めて戒律を伝えた鑑真《がんじん》和上の師として知られる道暹《どうせん》は、『法華文句』ならびに『法華文句記』に註釈をくわえた『法華文句輔正記《ほっけもんぐふしょうき》』六の十八に、「法が久遠の法なのだから、久遠の仏の弟子に、これをひろめるように委嘱したのである」と解釈しています。

すると、「従地涌出品」には、弥勒菩薩が以上の説明に納得できず、釈迦牟尼仏に向かって、さらなる説明を求めたと説かれています。それは、以下の経文です。

世尊が相手の資質を見抜いたうえで、それぞれにふさわしい仕方でなさる説法はもとより、世尊のおっしゃることであればなんであれ、虚妄《こもう》だと考えたことは一度たりともありませんし、世尊はご存じのことなら何でも教えてくださったとわたしたちは信じております。

しかし、まだ新米の菩薩となると、そうもいきません。もし、世尊が完全な涅槃にお入りになったのちに、こういう話を耳にすると、とうてい信じることができず、結果的に世尊の教えを破るようなことにもなりかねません。

ですから、世尊。この点について説明してください。そして、わたしたちの疑念をきれいさっぱり晴らしてください。未来世に生まれてくるであろう者たちも、この点をよく聞けば、疑念を生じないにちがいありません。

この経文の真意は、「如来寿量品」の法門は、釈迦牟尼仏が涅槃に入られた後に生まれてくるであろう人々を教化するために説かれたのだ、と明らかにすることにほかなりません。その証拠は、「如来寿量品」に見出せます。

あるところに名医がいました。その人はとても智慧豊かで、聡明でした。薬の処方によく通じていて、多くの人々の病気を治しました。

その人にはたくさんの子供がいました。十人二十人どころか、百人以上もいました。

あるとき必要があって、遠い国に行きました。その留守中に、子供たちが毒薬を飲んでしまったのです。薬が効いてきて、子供たちは悶え苦しみ、地面をころげまわっていました。ちょうどそのとき、父親が家に帰ってきました。毒薬を飲んでしまった子供たちのなかには、すでに動転して尋常ではない精神状態の者もあれば、まだ冷静で正常な精神状態をたもった者もいました。

子供たちは父親が帰ってきたのを見て、おおいに喜び、お迎えの挨拶をして、こう言いました。

「よくご無事にお帰りなさいました。わたしたちは智慧がないものですから、あやまって毒薬を飲んでしまいました。お願いですから、治療していただき、命を助けてください」

父親は子供たちがひどく悶え苦しむようすを見て、さまざまな医薬書を参考に、色の点でも、香りの点でも、味の点でも、みなすぐれた薬草を手に入れ、石臼《いしうす》ですりつぶして、子供たちに服用させようとしました。

そして、こう言いました。

「この薬はひじょうによく効く薬だ。色の点でも、香りの点でも、味の点でも、みなすぐれている。だから、すぐ服用しなさい。たちどころに苦しみをとりのぞき、症状を改善するよ」

子供たちのなかで、まだ冷静で正常な精神状態をたもった者は、あたえられた薬が、色の点でも、香りの点でも、味の点でも、みなすぐれているのを理解して、すぐに服用したところ、病気は完全に治りました。

この経文は何を意味しているのでしょうか。その答えは、こういうことです。「如来寿量品」に説かれているとおり、久遠の過去に仏種を植え付けられた者。迹門の「化城喩品」に説かれているとおり、大通智勝如来から仏法との結縁を授かった者。釈迦牟尼仏は五十年間におよぶ説法のうち、前四味にあたる『華厳経』や『阿含経』や方等部の諸経典や『般若経』、あるいは『法華経』の迹門などで教えを授けられた菩薩、ならびに声聞と縁覚の二乗、さらに人間と神々など。これらの者たちが、『法華経』の本門において、悟りを開くことを意味しているのです。

また、「如来寿量品」には、こうも説かれています。

しかし、動転して尋常ではない精神状態の者は、父親が帰ってきたのを見て、おおいに喜び、治療していただくように願いましたが、父親が薬をあたえても、服用しようとはしませんでした。

なぜかというと、毒が心身の奥深くまで侵《おか》していたせいで、尋常ではない精神状態となり、色の点でも、香りの点でも、味の点でも、みなすぐれている薬を、良くないものと思い込んでしまっていたからです。

父親はそのようすを見て、こうおもいました。

「この子たちはかわいそうだ。毒に当たって、精神状態が尋常ではない。わたしのすがたを見て喜んで、治療してくださいと言ったものの、このような良い薬を服用しようとしない。では、方便をつかって、なんとかこの薬を服用させよう」

そこで、父親は子供たちにむかって、こう言いました。

「よくお聞きなさい。わたしも年老いて、もうすぐ死ぬだろう。おまえたちの病気に良く効く薬をここに置いておくから、服用しなさい。必ず病気は治るので、心配することはないよ」

こう言い残して、父親はまた遠い国に行ってしまいました。そして、使者をつかわして、「お父さんは死んでしまいました」と言わせました。

そして、「分別功徳品」には、「悪しきものたちが跳梁跋扈《ちょうりょうばっこ》し、正法が滅びようとしている末法の世に……」と説かれています。これは、わたしたちが生きている今の世を指しています。

第七章　末法時代に『法華経』を伝える師の資格

【一】遺使還告と是好良薬の意味

（二十四）質問いたします。『法華経』「如来寿量品」に説かれているという「遺使還告《けんしげんごう》」、すなわち以下の一節は、どういう意味なのでしょうか。

あるところに名医がいました。その人はとても智慧豊かで、聡明でした。薬の処方によく通じていて、多くの人々の病気を治しました。

その人にはたくさんの子供がいました。十人二十人どころか、百人以上もいました。

あるとき必要があって、遠い国に行きました。その留守中に、子供たちが毒薬を飲んでしまったのです。薬が効いてきて、子供たちは悶え苦しみ、地面をころげまわっていました。

ちょうどそのとき、父親が家に帰ってきました。毒薬を飲んでしまった子供たちのなかには、すでに動転して尋常ではない精神状態の者もあれば、まだ冷静で正常な精神状態をたもった者もいました。

子供たちは父親が帰ってきたのを見て、おおいに喜び、お迎えの挨拶をして、こう言いました。

「よくご無事にお帰りなさいました。わたしたちは智慧がないものですから、あやまって毒薬を飲んでしまいました。お願いですから、治療していただき、命を助けてください」

父親は子供たちがひどく悶え苦しむようすを見て、さまざまな医薬書を参考に、色の点でも、香りの点でも、味の点でも、みなすぐれた薬草を手に入れ、石臼ですりつぶして、子供たちに服用させようとしました。

そして、こう言いました。

「この薬はひじょうによく効く薬だ。色の点でも、香りの点でも、味の点でも、みなすぐれている。だから、すぐ服用しなさい。たちどころに苦しみをとりのぞき、症状を改善するよ」

子供たちのなかで、まだ冷静で正常な精神状態をたもった者は、あたえられた薬が、色の点でも、香りの点でも、味の点でも、みなすぐれているのを理解して、すぐに服用したところ、病気は完全に治りました。

しかし、動転して尋常ではない精神状態の者は、父親が帰ってきたのを見て、おおいに喜び、治療していただくように願いましたが、父親が薬をあたえても、服用しようとはしませんでした。なぜかというと、毒が心身の奥深くまで侵していたせいで、尋常ではない精神状態となり、色の点でも、香りの点でも、味の点でも、みなすぐれている薬を、良くないものと思い込んでしまっていたからです。

父親はそのようすを見て、こうおもいました。

「この子たちはかわいそうだ。毒に当たって、精神状態が尋常ではない。わたしのすがたを見て喜んで、治療してくださいと言ったものの、このような良い薬を服用しようとしない。では、方便をつかって、なんとかこの薬を服用させよう」

そこで、父親は子供たちにむかって、こう言いました。

「よくお聞きなさい。わたしも年老いて、もうすぐ死ぬだろう。おまえたちの病気に良く効く薬をここに置いておくから、服用しなさい。必ず病気は治るので、心配することはないよ」

こう言い残して、父親はまた遠い国に行ってしまいました。そして、使者をつかわして、

「お父さんは死んでしまいました」と言わせました。

お答えいたします。釈迦牟尼仏が涅槃に入った後に、人々の拠りどころとなる四依、つまり初依・二依・三依・四依の四段階の導師について、説いているのです。四依には、小乗仏教と大乗仏教と迹門と本門の四種類があります。

小乗仏教の四依は、そのほとんどが、千年間つづく正法時代の前半にあたる五百年間に出現する導師たちで、たとえば大迦葉《だいかしょう》や阿難《あなん》などの方々です。

大乗仏教の四依は、そのほとんどが、千年間つづく正法時代の後半にあたる五百年間に出現する導師たちで、たとえば馬鳴《めみょう》や龍樹《りゅうじゅ》などの方々です。

迹門の四依は、そのほとんどが、千年間つづく像法時代に出現する導師たちですが、わずかながら末法時代の初めに出現することもあります。たとえば天台大師智顗《ちぎ》や伝教大師最澄などの方々です。

本門の四依は、末法時代の初めに必ず出現する導師たちで、地涌の菩薩たちにあたります。

これらのうち、いま論じている『法華経』「如来寿量品」の「遣使還告」は、地涌の菩薩たちを意味しています。

また、『法華経』「如来寿量品」に説かれているという「是好良薬」とは、以下の一説に由来しています。

しかし、動転して尋常ではない精神状態の者は、父親が帰ってきたのを見て、おおいに喜び、治療していただくように願いましたが、父親が薬をあたえても、服用しようとはしませんでした。なぜかというと、毒が心身の奥深くまで侵していたせいで、尋常ではない精神状態となり、色の点でも、香りの点でも、味の点でも、みなすぐれている薬を、良くないものと思い込んでしまっていたからです。

父親はそのようすを見て、こうおもいました。

「この子たちはかわいそうだ。毒に当たって、精神状態が尋常ではない。わたしのすがたを見て喜んで、治療してくださいと言ったものの、このような良い薬を服用しようとしない。では、方便をつかって、なんとかこの薬を服用させよう」

そこで、父親は子供たちにむかって、こう言いました。

「よくお聞きなさい。わたしも年老いて、もうすぐ死ぬだろう。おまえたちの病気に良く効く薬をここに置いておくから、服用しなさい。必ず病気は治るので、心配することはないよ」

こう言い残して、父親はまた遠い国に行ってしまいました。そして、使者をつかわして、「お父さんは死んでしまいました」と言わせました。

それを聞いて、子供たちはとても悔やみ、こうおもいました。

「もし、ここにお父さんがおられたら、わたしたちのことを心配して、病気を治してくださったにちがいない。ところが、お父さんはわたしたちを残したまま、遠い他国で亡くなってしまわれた。考えてみれば、わたしたちにはもはやよるべもなく、頼る人もいない」

そう言って悲嘆にくれるばかりでしたが、そうやって悲嘆にくれるうちに、尋常ではなかった精神状態がいつしか正常にもどったのでした。精神状態が正常にもどると、それまで色の点でも、香りの点でも、味の点でも、良くないと思い込んでいた薬が、すべての点ですぐれているとわかりました。そして、服用したところ、病気はたちどころに治ってしまったのです。

父親は子供たちが全快したという知らせを聞いて、家に帰ってきました。そして、子供たち全員と再会したのでした。


ここに説かれている「病気に良く効く薬」こそ、『法華経』であり、とりわけ「如来寿量品」の肝心にほかならない「妙法蓮華経」なのです。なぜならば、「妙法蓮華経」という経題は、天台大師智顗が『法華玄義』において主張した五重玄義、すなわち釈名《しゃくみょう》と弁体《べんたい》と明宗《みょうしゅう》と論用《ろんゆう》と判教《はんぎょう》という五つの玄義を、すべて兼ねそなえているからです。

釈名とは、「妙法蓮華経」という経題の一文字一文字には、深い意味を秘められているということです。具体的にいえば、妙は不可思議という意味です。法は十界三千〔全存在＝十界〔地獄界・餓鬼界・畜生界・修羅界・人界・天界・声聞界・縁覚界・菩薩界・仏界〕それぞれに十界があり、またそれぞれに十如是〔十のありのままの真実〕があり、さらに衆生世間・国土世間・五蘊世間の三種世間があるので、合算すると三千）という意味です。蓮華は、権実不二《ごんじつふに》（仮の教えと真の教えは表面上は異なっていても、究極的には同一）ならびに因果相即（釈尊の因行（成仏のために積んだ膨大な修行）と果徳（修行によって得たさまざまな功徳））が不可分の関係にあるという意味です。経とは、真実の教えという意味です。

弁体とは、「妙法蓮華経」という経題には、『法華経』の正体である諸法実相（この世のありのままの真実）が究められているということです。

明宗とは、「妙法蓮華経」という経題には、『法華経』の特質（宗要）である因果の理が論じられているということです。

論用とは、「妙法蓮華経」という経題には、『法華経』の功徳が論じられているということです。

判教とは、「妙法蓮華経」という経題には、『法華経』の教相判釈、つまり『法華経』こそありとあらゆる経典に対し、圧倒的に優れているということです。

そして、このような「病気に良く効く薬」である「妙法蓮華経」を、釈迦牟尼仏は『法華経』の迹門までしか教化されていない菩薩たちには授けませんでした。まして、娑婆世界以外の仏国土から娑婆世界に参集した菩薩たちに授けたはずがありません。

【二】如来神力品に、地涌の菩薩たちへの特別な付属が明らかにされている

『法華経』の「如来神力品」に、こう説かれています。

そのとき、大地の裂け目から湧出してきた、一千個の世界をかたちづくる原子の数にひとしい数の菩薩たちが、みないっせいに、釈迦牟尼仏にむかって一心に手を合わせ、尊いお顔を仰ぎ見て、こう申し上げました。

「世にも尊きお方。あなたが入滅されたあと、あなたの分身がおられる仏国土において、わたしたちは、多くの者に、この経典を説きます。あなたが入滅されたところなら、どこであろうと、わたしたちは、多くの者に、この経典を説きます」と。

この文言について、天台大師智顗は『法華文句』会本二十九において、こう解釈しています。

下方から出現した地涌の菩薩たちの誓いだけが説かれている。

また、道暹は、『法華文句』ならびに『法華文句記』に註釈をくわえた『法華文句輔正記《ほっけもんぐふしょうき》』六の十八に、こう記しています。

この場合の付属とは、『法華経』を下方から出現した地涌の菩薩たちだけに付属するという意味である。なぜかというと、法が久遠の法なのだから、久遠の弟子たちに付属するのだ。

その出自を尋ねれば、文殊菩薩は、娑婆世界のはるか東方にある金色（妙喜）世界の教主である阿閦《あしゅく》仏（不動仏）の弟子です。観世音菩薩は、西方にある安養（極楽）世界の教主である阿弥陀仏の弟子です。薬王菩薩は、日月浄明徳仏の弟子です。普賢菩薩は、宝威徳浄王仏の弟子です。これらの菩薩たちは、ひとまず釈迦牟尼仏の教化活動を扶助するために、娑婆世界にお出ましになったのです。つまり、『法華経』が説かれる以前に説かれた経典や『法華経』の迹門に登場する菩薩たちにすぎません。要するに、久遠の法を受持し伝える方々ではないので、末法時代に『法華経』をひろめる役割をになえない方々だと思います。

『法華経』「如来神力品」に、こう説かれています。

この言葉（地涌の菩薩たちの誓い）をお聞きになった瞬間、百×千×万×億にもおよぶ膨大な数のこの世の菩薩たち、出家僧、尼僧、男女の在家修行者、神々、龍、夜叉、乾闥婆、阿修羅、迦楼羅、緊那羅、摩睺羅伽、人間、人間以外の者など、そこにつどうすべての者たちの目の前で、世にも尊きお方は、すばらしい神通力を発揮されました。すなわち、お口から長い舌を出して、天上界にまで到達させ、全身の毛穴から、数えきれない量と種類の光を放って、全宇宙をあまねく照らし出したのです。

それに対応して、いろいろな世界において、宝樹のもとにある獅子座にすわっておられる如来たちも、同じように、とてつもなく長い舌を出し、あまたの光を放たれたのでした。こうして、釈迦牟尼仏と宝樹のもとにすわっておられる如来たちが、神通力を発揮されつづけた時間は、百×千年におよびました。

よく考えてみると、顕教と密教とを問わず、ありとあらゆる小乗経典ならびに大乗経典のどこを探しても、いま引用したように、釈迦牟尼仏と全宇宙の仏たちがともに、宝樹のもとにある獅子座にすわり、同じように、とてつもなく長い舌を出し、天上界にまで到達させ……とは説かれていません。

たとえば、『阿弥陀経』には、こう説かれています。

はるか上方世界に仏国土をもつ梵音《ぼんのん》（梵天のような声をもつ）仏、宿王（星座の王）仏、香上（最高の香をもつ）仏、香光（香に輝きのある）仏、大焔肩仏、雑色宝華厳身《ざつしきほうけごんしん》（さまざまな色の宝の花々に身を飾られた）仏、沙羅樹王《しゃらじゅおう》（サーラ樹の王）仏、宝華徳《ほうけとく》（宝の蓮華の美をもつ）仏、見一切義（すべての意味を見抜く）仏、如須弥山《にょしゅみせん》（須弥山のような）仏をはじめ、ガンジス河の砂の数ほどもの諸仏が、それぞれの仏国土において、自身の言葉が嘘ではないことをしめすために、口から広くて長い舌を出し、さらにはその舌で三千大千世界を覆い尽くして、以下のような誠実な言葉をつらねました。「あなたがた生きとし生けるものよ、阿弥陀仏のどのような思慮もおよばない功徳を称賛する『一切諸仏に護念される（ありとあらゆる仏の慈しみの心によって護られる）』と名付けられた経典を信じなさい」と。

しかし、これはあくまで修辞であり、実体がともなっていません。

また、『大品般若経（二万五千頌般若経）』巻第一には、こう説かれています。

そのとき、世尊はご自分の身体に常備する光明を放って、三千大千世界を照らし出した。また東方に位置するガンジス河の砂の数に等しい諸仏の国土はもとより、十方にある諸仏の国土を、照らし出した。この光明に遭遇した生きとし生けるものは、みな、最高の悟りを得た。

そのとき、世尊は口から広くて長い舌を出し、三千大千世界を覆い尽くして、顔を和らげ、心を喜ばし、微笑をたたえつつ、その舌の根元から無量千万億の光明を放った。その光一つ一つは、千の花びらをもつ金色の宝の花となった。この花の上には化仏が結跏趺坐《けっかふざ》して、六波羅蜜を説いた。それを聴聞した生きとし生けるものは、みな、最高の悟りを得た。

この経文も、『大品般若経』を讃嘆する証明にすぎず、真の意味の証明にはなっていません。なぜならば、これら『法華経』以前に説かれた経典は、兼・但・対・帯という教えにとどまっているからです。つまり、円教（すべてを包摂する完璧な教え）に別教（大乗仏教の教え）を兼ねる教え、ただ三蔵教（小乗仏教の教え）のみの教え、蔵教と通教（小乗仏教と大乗仏教に共通する教え）・別教・円教とを対峙して比較する教え、円教に通教と別教を帯びさせる教えに、とどまっているからです。要するに、円教の教えではなく、釈迦牟尼仏が久遠の仏であり、その教えもまた久遠の教えであることが明らかにされていないからなのです。

釈迦牟尼仏は以下のように、

㈠お口から長い舌を出して天上界にまで到達させ（出広長舌《すいこうちょうぜつ》）

㈡全身の毛穴から数えきれない量と種類の光を放って、全宇宙をあまねく照らし出し（通身《つうしん》放光《ほうこう》）

㈢みないっしょに咳払いの音を立て（一時《いち》謦欬《じきょうがい》）

㈣指をはじいて音を出し（倶共《くぐ》弾指《たんじ》）

㈤その二つの音が全宇宙に響きわたり、大地が六種類の震動を起こし（地六種動《じろくしゅどう》）

㈥生きとし生けるものすべて、神々、龍、夜叉、乾闥婆、阿修羅、迦楼羅、緊那羅、摩睺羅伽、人間、人間以外の者はみなそろって、この世の百×千×万×億にもおよぶ如来たちが、それぞれ宝樹のもとにすわっておられるすがたを見ることができ、釈迦牟尼如来と多宝如来が、宝塔のなかでごいっしょに、獅子座のうえにすわっておられるすがたを見ることができ、さらに百×千×万×億にもおよぶ膨大な数の菩薩たちと、出家僧、尼僧、男女の在家修行者たちが、釈迦牟尼如来をあがめたてまつり、とりかこんでいるすがたを見ることができ、見終わって、

この未曾有の事態に、みなそろって大きな喜びを感じ（普見大会《ふけんだいえ》）

㈦虚空から神々が、「百×千×万×億×十の五十六乗もの膨大な数の世界をこえていくと、娑婆とよばれる世界があります。この娑婆世界に、釈迦牟尼如来というお名前の如来がおられます。いままさに、大乗仏典の「妙法蓮華」・「教菩薩法」・「仏所護念」とよばれる経典をお説きになっています。あなたがたは、心の底から、喜びなさい。釈迦牟尼如来を礼拝し、供養しなさい」と声高く唱えるこんな言葉が聞こえ（空中唱声《くうちゅうしょうしょう》）

㈧虚空から響きわたった声を聞いた者たちは、手を合わせ、娑婆世界にむかって、「南無釈迦牟尼仏、南無釈迦牟尼仏」と誓い（咸皆帰命《げんかいきみょう》）

㈨いろいろな種類の花々、お香、垂れ飾り、宝で作られた傘、とりどりの装飾品、珍しい宝物、高価な品物を、はるかかなたの娑婆世界に送りとどけられ（遥散諸物《ようさんしょもつ》）

㈩これらの品々はすがたを変えて超巨大な天幕となり、如来たちの頭上をあまねく覆いました。こうして、全宇宙は自由自在に交流し合い、一つの仏国土のようになった（通一仏土《つういちぶつど》）。

と、十種類の神通力をあらわしたのち、地涌の菩薩たちに、「妙法蓮華経」の五字をゆだねた、と「如来神力品」に説かれています。

そのとき、釈迦牟尼仏は、上行菩薩をはじめ、菩薩たちに、こうおっしゃいました。

「如来たちがおもちの神通力は、このようなものです。広大無辺で、想像することもできないのです。もしも、わたしがこの神通力を発揮して、百×千×万×億×十の五十六乗劫もの膨大な時間にわたり、この真理を委嘱するために、法華経の功徳を説きつづけたとしても、その功徳を説き尽くすことはできません。

要約するならば、如来が体得した真理のすべて、如来がもつ自在な神通力のすべて、如来の秘密のすべて、如来の深遠な立場のすべて、これらがみな、この経典のなかに説かれているのです」

この経文について、天台大師智顗は『法華文句』巻十下に、「如来神力品」について、こう註釈しています。

この品の主題は三つある。第一は菩薩の受命であり、第二は仏の神力であり、第三は結要《けっちょう》付属《ふぞく》である。

……

「そのとき、釈迦牟尼仏は、上行菩薩をはじめ、菩薩たちに、こうおっしゃいました」から後の文言は、第三の結要付属が説かれている。付属には四種類ある。一は称歎付属、二は結要付属、三は勧奨付属、四は釈付属である。

また、伝教大師最澄は、著作の『法華秀句』巻下「無問自説果分勝」三において、『法華経』が他の経典よりも十の点ですぐれ、ゆえに『法華経』以外の経典にもとづく他の宗派がいかにまちがった教義を採用しているか、批判しています。その巻下で、「如来神力品」について、こう註釈しています。

如来神力品に「要約するならば、如来が体得した真理のすべて、如来がもつ自在な神通力のすべて、如来の秘密のすべて、如来の深遠な立場のすべて、これらがみな、この経典のなかに説かれているのです」と説かれているのは、如来（果分）が所有するすべての法、如来が具備するすべての神通力、如来が得たすべての秘要をたくわえる蔵、如来が悟りを開くために実践した甚深な修行の過程、これらがみな、『法華経』に説き明かされていることを意味している。

「如来神力品」に説かれている十神力は、「妙法蓮華経」という五字が、上行菩薩と安立行菩薩と無辺行菩薩と浄行菩薩という四人の大菩薩に授与されたことを説いています。十神力のうち、前半の五神力は釈迦牟尼仏が在世されていた時代に生まれ合わせた人々を対象とするのに対し、後半の五神力は釈迦牟尼仏が入滅後の時代に生まれ合わせた人々を対象とするというのが、これまでの常識です。しかし、よくよく考えてみると、前半の五神力も後半の五神力も、ともに釈迦牟尼仏が入滅後の時代に生まれ合わせた人々を対象にしているとしか思えません。
その証拠に、さきほど引用した文言につづく偈（詩句）において、こう説かれています。

わたしが入滅したのちも、この経典をたもつことができるようにとねがって、如来たちはみな大喜びしつつ、はかりしれぬ神通力を発揮したのです。

さらに、「如来神力品」の次の品にあたる「属累品《ぞくるいほん》」には、こう説かれています。

そのとき、釈迦牟尼如来はそれまで説法されていた座からすっとお立ちになり、すばらしい神通力を発揮なさいました。まず右手の本数を数限りなく増やしたうえで、その無数の右手で、無数の菩薩たちの頭頂を、お撫《な》でになりながら、こうおっしゃったのです。

「わたしは、過去世において、十の五十九乗（阿僧祇《あそうぎ》）劫の百×千×万×億倍もの長きにわたり、ほんとうに得がたいこのうえなく正しい悟り（阿耨多羅三藐三菩提《あのくたらさんみゃくさんぼだい》）を求めて修行し、ついに成就しました。

いままさに、このうえなく正しい悟りを、あなたがたにゆだねることとしましょう。ですから、あなたがたは全身全霊をもって、この教えをひろめ、あまねくいきわたるようにつとめなければなりません」

ここに説かれているとおり、地涌の菩薩たちを先頭に、次いで迹門の教化を受けた菩薩たち、他の仏国土から訪れた菩薩たち、さらに大梵天王や帝釈天や四天王たちという順序で、『法華経』を属累されたのです。そして、このようにして、『法華経』の属累がとどこおりなく済まされたので、こう説かれているのです。

するど、釈迦牟尼如来は、全宇宙からおいでになっていたご自分の分身の如来たちに、おのおのの仏国土へ帰らせようと、こうおっしゃいました。

「ここにお集まりの如来たちに申し上げる。どうぞ心安らかにおすごしください。多宝如来がおられる塔を、もとどおりの場所に安置してください」

釈迦牟尼如来がこうおっしゃったのを聞いて、全宇宙からおいでになって、宝樹のもとにしつらえられた獅子座のうえに坐っておられた無数の如来たちも、多宝如来も、上行菩薩をはじめとする無量にして無数の菩薩たちも、舎利弗をはじめとする声聞たちも、出家僧も尼僧も男女の在家修行者たちも、この世にありとしある神々も、人間も、阿修羅なども、みなそろって歓喜に打ち震えたのでした。

そして、「属累品」に後続する「薬王菩薩本事品」から「普賢菩薩勧発品」までの説法や『(大乗）涅槃経』などは、本門の教化を受けた地涌の菩薩たちが説法の場から去ったあと、まだそこに迹門の教化を受けた菩薩たちや他の仏国土から訪れた菩薩たちが残っていたので、かれらを対象として、もう一度、『法華経』の付属を命じるために説かれたのです。これを捃拾遺属《くんじゅういぞく》、つまり「付属から漏れた者たちを拾い集め、あらためて付属を遺す」といいます。

第八章　末法時代に生まれ合わせた人々の救いは、どのように約束されているのか

【一】教主釈迦牟尼仏の救いの眼は末法時代に向けられている

（二十五）疑問があります。正法時代および像法時代の合わせて二千年に、本門の教化を受けた地涌の菩薩たちが、わたしたちが住んでいるこの世界（閻浮提《えんぶだい》）に出現して、『法華経』をひろく伝えたことがあったのでしょうか。

お答えいたします。ありませんでした。

（二十六）それは驚くべきことです。なぜならば、『法華経』の教えは、とりわけその本門の教えは、釈迦牟尼仏が入滅されてのちの時代における宣布を本来の目的として、まず最初に地涌の菩薩たちに授けられたのですから。それなのに、地涌の菩薩たちは正法時代や像法時代に出現して、『法華経』をひろく伝えなかったのですか。

お答えしたいが、今はこの件については述べません。

（二十七）それならば、重ねて質問いたしたい。なぜなのですか。
お答えしたいが、今はこの件については述べません。
（二十八）さらに、重ねて質問いたしたい。なぜなのですか。
では、お答えしましょう。この件について述べるならば、世間の人々すべてに、悲惨な事態が必ずや起こってしまうからなのです。すなわち、『法華経』の「常不軽菩薩品《じょうふきょうぼさつ》」に説かれているのと同じ、威音王《いおんのう》如来が入滅された後の末法時代に起こった事態です。

最初の威音王如来が完全な涅槃に入り、正法が消滅して、像法となった時代に、勝手に自分は悟ったと思い込んでいる出家僧たちが、大きな勢力となっていました。そういうときに、自分自身よりも他人の救いを優先する大乗仏教を信仰する一人の出家僧がいました。かれの名前は常不軽、つまり「つねに他人を軽蔑しない者」といいました。

……

仏教の信者のなかには、つよい怒りを感じ、心が清らかではない者もいました。そういうやからは、悪口を言い、汚い言葉で侮辱《ぶじょく》しました。
「このデクノボー。どこの馬の骨か知らないが、かってに自分はあなたを軽蔑しませんとか言って、将来きっと悟りを開き、仏になるなんて、予言してやがる。おまえの言うような嘘っぱちの予言なんて、これっぽっちも信じられないよ」と。

このように長年にわたって同じことをくり返し、いつも侮辱されつづけましたが、怒ったことは一度もありません。そして、こう言いつづけたのです。

「あなたがたは、将来きっと悟りを開き、仏になられます」と。

こう言われて、怒った人々が木の棒や石でかれを叩くと、逃げ出して、遠く離れてから、また大きな声でこう言うのでした。

「わたしは、あなたがたを絶対に軽蔑しません。将来きっと悟りを開き、仏になられるからです」と。

いつもいつもこう言いつづけたので、自分は悟ったと思い込んでいる出家僧尼僧や男女の在家修行者たちは、かれのことを「つねに他人を軽蔑しない者（常不軽）」と名付けたのでした。

……

得大勢菩薩《とくだいせい》さん。あなたはどう思っているのかな。かのときの常不軽菩薩は、だれあろう、このわたし自身なのだ。もし、わたしが過去世において、この経典をおぼえ、読み聞かせて、多くの人々のために説かなかったしたら、短い時間で、このうえなく正しい悟りに到達することはできなかったのです。

過去の世にあらわれた仏たちのもとで、この経典をおぼえ、読み聞かせて、多くの人々のために説いたからこそ、短い時間で、このうえなく正しい悟りに到達することができたのです。

得大勢菩薩さん。あのときの出家僧尼僧や男女の在家修行者たちは、ひどく怒ってわたしを軽蔑し侮辱したので、二百億劫もの長いあいだ、ずっと仏に出会えず、真実の法を聞けず、良き指導者にもまみえず、千劫ものあいだ、無間地獄でこれ以上はない苦しみにさいなまれました。そして、この罪をつぐない終えてやっと、常不軽菩薩が説くこのうえなく正しい悟りにふれることができたのです。

このような事情ですから、わたし（日蓮）の弟子たちを対象として、その概要を説けば、みなから誹謗されるに違いありません。したがって、黙っているしかないのです。

（二十九）重ねて、お答えを求めます。もし、ご存じなのにもかかわらず、お説きにならないのであれば、あなたは吝嗇《けち》で欲深いという罪に堕ちることになります。そこまでおっしゃるのであれば、進退きわまりました。納得していただけるか否か、わかりませんが、おおよそのことを説きましょう。

『法華経』の「法師品」に、こう説かれています。

この経典は、如来たちが守護しているものです。昔からずっと秘められたままで、明かされたことはなかったものです。しかも、この経典は、わたしが生きている現在でも、多くの者から怨まれたり妬まれたりしています。まして、わたしが入滅したあととなれば、もはや言うまでもありません。

……もしも、この経典を説くときに、悪口を言われたり、ののしられたり、刀で切りつけられたり、杖で打たれたり、瓦や石を投げつけられても、わたしを心に思い描いて、堪え忍んでください。

「如来寿量品」には、こう説かれています。

よくお聞きなさい。わたしも年老いて、もうすぐ死ぬだろう。おまえたちの病気に良く効く薬を、今ここに置いておくから、服用しなさい。必ず病気は治るので、心配することはない。

「分別功徳品」には、こう説かれています。

悪しきものたちが跳梁跋扈し、正法が滅びようとしている末法の世に、この『法華経』をいちずに信じつづける者は、これまで述べてきたように、もろもろの功徳をすべて満たしています。

「薬王菩薩本事品」には、こう説かれています。

わたしが完全な涅槃に入ったのちの五百年間、人間たちが居住している世界（閻浮提）の津々浦々に広めてください。

『（大乗）涅槃経』巻二十「梵行品」には、こう説かれています。

王は侍医の耆婆《ぎば》（ジーヴァカ）に、「如来はどう見ていらっしゃるのだろうか」と問いました。耆婆はこう答えました。「たとえば、七人の子どもをもっていたとします。そのなかの一人が、病気になってしまいました。父母の心に依怙《え こ》贔屓《ひい き》はありませんが、病気の子どもにより多く心を寄せるものです。大王よ、如来も同じです。誰に対しても依怙贔屓はなさいませんが、罪ある者により多く心をお寄せになります」

以上にあげたとおり、曇りのない鏡にたとえられる経典から、釈迦牟尼仏の御心を拝察いたしますと、釈迦牟尼仏がこの世に出現されたゆえんは、霊山において八年間にわたり『法華経』をお説きになったとき、聴聞の機会を得た人々のためではありませんでした。釈迦牟尼仏が入滅されたのち、正法時代と像法時代と末法時代に生まれ合わせた人々のためでした。また、正法時代と像法時代を合わせた二千年間に生まれ合わせた人々のためでもありませんでした。末法の初めに生まれ合わせた、わたし（日蓮）のような者のためだったのです。

さきほど引用した『（大乗）涅槃経』巻二十「梵行品」の「病気の子ども」とは、釈迦牟尼仏が入滅されたのちに出現して、『法華経』を誹謗する者たちを指しています。

「如来寿量品」の「おまえたちの病気に良く効く薬を、今ここに置いておく……」とは、優れた医師である父親が、色の点でも香りの点でも味の点でもみなすぐれている薬を、せっかく置いておいたのに、毒が心身の奥深くまで侵していたせいで、尋常ではない精神状態となり、色の点でも香りの点でも味の点でもみなすぐれている薬を、良くないものと思い込んでしまい、正しく認識できない状態にある者、すなわち「妙法蓮華経」の教えを受けとれない末世の凡夫を意味しています。

地涌千界の菩薩たちが、釈迦牟尼仏が入滅されたのち、正法時代にも像法時代にも出現しなかった理由は、こういうことです。

正法時代の千年間は小乗仏教、あるいは法相宗や三論宗のような中途半端な仮の大乗仏教である権大乗《ごんだいじょう》の教えが伝えられた時代なので、人々の資質においても、時との照合においても、条件が満たされていませんでした。小乗仏教の指導者である四段階（初依・二依・三依・四依）の菩薩たちが小乗仏教の教えを説き、権大乗の指導者である四段階の菩薩たちが権大乗の教えを説き、これらを機縁として、釈迦牟尼仏がまだ在世されていたころに下された種を成熟させて、人々を解脱に導きました。もし、このとき、人々に『法華経』を説いたならば、誹謗する者が多く、成熟の利益をあたえられないので、説かなかったのです。他に例を求めるならば、釈迦牟尼仏の五十余年、五段階にわたる説教のうち、第一段階から第四段階にいたる期間は、機根をととのえるために使われたゆえに、『法華経』が説かれなかったのと似ています。

像法時代の千年間は、その中期から末期にかけて、観世音菩薩が南嶽大師慧思として現世に姿をあらわし、さらに薬王菩薩が天台大師智顗として現世に姿をあらわし、『法華経』をひろめました。このお二人は、迹門を表に、本門を裏に、それぞれ設定して、百界千如と一念三千の教義を究めました。

しかし、理具の教え、つまり凡夫の心に仏界が具備されていることを、理論的に解明したにとどまっていました。いいかえれば、事行の教え、つまり絶対の事実として具備されている一念三千ならびに本門の本尊を信じ、身体活動と言語活動と精神活動の三業《さんごう》にわたり「妙法蓮華経」の五字を受持するにはいたりませんでした。なぜならば、円機、つまり完璧な教えを受けとるのにふさわしい完璧な資質はそなわっていても、円時、つまり「妙法蓮華経」の五字を受持するのに完璧にふさわしい時がまだ訪れていなかったからです。

それにひきかえ、今は末法時代の初めにあたり、小乗仏教の教えが大乗仏教の教えを打倒し、中途半端な仮の大乗仏教の教えが真の大乗仏教の教えを破壊し、東を西と偽り、西を東と偽り、天と地をさかさまに認識してしまうような世の中です。このような状況下では、『法華経』の迹門の教えをひろめるはずの四依の菩薩たちは、どこかに隠れてしまい、姿をあらわしません。また、もろもろの善神たちも、このような悲惨な状態にある国を見捨てて、もはや守護しようとはしません。

このような時にこそ、地涌の菩薩たちが初めて世に出現し、ひたすら「妙法蓮華経」の五字を、末法時代の良薬として、病に苦しむ幼稚な人々に服用させるのです。かつて、妙楽大師湛然が、『法華文句記』に、『法華経』の「常不軽菩薩品」に説かれている「我深敬汝等、不敢軽慢。所以者何、汝等皆行菩薩道、当得作仏（わたしは、あなたがたを深く尊敬します。絶対に軽蔑しません。なぜかといいますと、あなたがたはみな大乗仏教の菩薩の道を実践して、将来は必ずや悟りを開き、仏になれるからです）」という二十四字に註釈をくわえて、「因謗堕悪必因得益」、すなわち「『法華経』を誹謗した罪ゆえに地獄に堕ちた者たちは、『法華経』を誹謗して罪を得たことが、いわゆる逆縁となって、救われるという利益を得た」と論じたのは、まさにこのことなのです。

愛弟子たちよ、肝に銘じなさい。地涌千界の菩薩たちこそ、教主である釈迦牟尼仏が、初めて悟りを求めて修行に入って以来の弟子たちなのです。

しかし、地涌千界の菩薩たちは、釈迦牟尼仏が菩提樹の下で悟りを開き、その直後に『華厳経』をお説きになった道場に来ませんでした。また、涅槃の直前に、沙羅双樹の下で『涅槃経』をお説きになったときにも訪れませんでした。これは、釈迦牟尼仏に対して不孝だ、という批判がありま す。

また、『法華経』の迹門にあたる十四品が説かれたときにも、説法の場にあらわれませんでした。さらに、本門にあたる十四品のうち、薬王菩薩本事品から普賢菩薩勧発品にいたる六品のあいだも、説法の場から立ち去っています。つまり、『法華経』二十八品のなかで、従地涌出品から属累品までのわずか八品のあいだだけ、説法の場に来て、すぐに還ってしまっています。

このような高貴な大菩薩たちが、教主である釈迦牟尼仏、『法華経』の正しさを証明する多宝如来、『法華経』を讃嘆するために全宇宙から来集した釈迦牟尼仏の分身仏という三仏が、お揃いになった場において、末法時代に『法華経』をひろめると約束して、『法華経』を受持したのです。ですから、地涌千界の菩薩たちが末法時代の初めに出現しないはずはありません。

よく覚えておきなさい。地涌千界の菩薩たちを指導する立場にある上行菩薩と無辺行菩薩と浄行菩薩と安立行菩薩の四人の菩薩たちは、二つの教化法を使い分けます。折伏《しゃくぶく》、すなわち相手の悪いところを徹底的に批判し論破して正法に帰依させる場合は、賢明な王の姿をとって愚鈍な王をいさめます。摂受《しょうじゅ》、すなわち相手の良いところを育み導いて正法に帰依させる場合は、出家僧の姿をとって正法を受持し宣布するのです。

【二】地涌の菩薩たちが末法時代に出現するという予告

（三十）質問いたします。地涌の菩薩たちが末法時代に出現するという予告は、『法華経』にあるのでしょうか。

お答えいたします。『法華経』の「薬王菩薩本事品」に、「わたしが完全な涅槃に入ったのちの五百年間、人間たちが居住している閻浮提の津々浦々に広めてください」と説かれています。ここでいう「五百年」は、『大集経』の「月蔵分」によれば、「五五百年」ですので、釈迦牟尼仏が入滅されてから五度目の五百年後、つまり二千五百年後であり、末法時代に入って初めの五百年を意味しています。

この件について、天台大師智顗は『法華文句』会本一の上において、「『法華経』は後の五百年（末法時代に入って初めの五百年）に、わたしたちが今いる南閻浮提のいたるところまで伝えられ、ひとびとを人智を絶する道にみちびき、感激させるであろう」と解釈しています。妙楽大師湛然は天台大師智顗の解釈について、『法華文句記』会本一において、「末法時代の初めに、『法華経』から知らず知らずのうちに利益を得ているかもしれません」と解説しています。

伝教大師最澄は、『守護国界章』巻上の下の章第十三において、「正法時代と像法時代はほぼ過ぎ去ってしまい、末法時代がすぐ近くまで来ている」と述べています。「末法時代がすぐ近くまで来ている」という文言を解釈するならば、自分が今いる時代は『法華経』の真意を宣布すべき時代にはまだなっていないという意味です。

伝教大師最澄は、『法華秀句』の「仏説諸経校量勝《きょうりょうしょう》」五において、日本では末法時代がいつ始まるか、を予言して、こう述べています。

今わたしたちがいる時代を語るならば、像法時代の終わりであり、末法時代の初めである。日本国の位置を考察するならば、唐の東、羯《かつ》（現在の中国東北部）の西にあたる。人々の性情を究明するならば、天災や戦乱などの社会の汚れ、邪悪な教えや見解が流布する思想上の汚れ、さまざまな悪徳に象徴される精神上の汚れ、人々の心身の質がともに弱体化し低下する汚れ、人々の寿命が短くなる汚れ、といった五つの汚れ（五濁《ごじょく》）にまみれた生き方であり、闘争に明け暮れている時代である。

『法華経』の「法師品」には猶多怨嫉況滅度後《ゆたおんしつきょうめつどご》、つまり「この経典は、わたし（釈迦牟尼仏）が生きている現在でも、多くの者から怨まれたり妬まれたりしています。まして、わたしが入滅したあととなれば、もはや言うまでもありません」と説かれている。この言葉には、確かな理由がある。

ここに述べられている「闘争に明け暮れている時代」という文言を、現時点の状況下で解釈するならば、二つ指摘できます。一つは自界叛逆《じかいほんぎゃく》、つまり内乱です。もう一つは西海侵逼《さいかいしんぴつ》、つまり日本の西海への蒙古《もうこ》襲来です。

このような「闘争に明け暮れている時代」にこそ、まさに地涌千界の菩薩たちが出現して、『法華経』本門の教主である釈迦牟尼仏の左右に立つ脇士《きょうじ》となり、今わたしたちが住んでいるこの世界（閻浮提）第一の本尊が、この国に立てられるはずです。インドにも中国にも、このような本尊はいまだ存在しませんでした。

かつて、日本国の上宮聖徳太子は四天王寺を建立されましたが、来るべき時がまだ来ていなかったので、娑婆世界とは縁のない、西方極楽浄土の教主である阿弥陀仏を本尊として祀りました。聖武天皇は東大寺を建立されましたが、本尊として祀ったのは、『華厳経』の教主である盧舎那仏《るしゃなぶつ》でした。『法華経』の真実はまだ明らかにされていなかったので、本仏である釈迦牟尼仏は、本尊として祀られなかったのです。

伝教大師最澄は、『法華経』の真実をおおむね明らかにされました。しかし、やはり来るべき時がまだ来ていなかったので、東方にあるという瑠璃光《るりこう》世界の教主である薬師仏を、比叡山延暦寺の根本中堂の前身となった小堂に、本尊として祀りました。『法華経』の本門に説かれている上行菩薩と無辺行菩薩と浄行菩薩と安立行菩薩の四人の菩薩たちを、左右の脇士とする本尊を祀ることはなかったのです。

結局のところ、以上のようないきさつになったのは、末法時代に『法華経』をひろめる役割を、地涌千界の菩薩たちに譲りあたえるためだったのです。

この菩薩たちは、釈迦牟尼仏からご命令を受けて、すぐ近く大地の下にいます。正法時代と像法時代にまだ出現せず、末法時代にも出現なさらないのであれば、この菩薩たちは大嘘つきの菩薩たちです。釈迦牟尼仏と多宝如来、そして釈迦牟尼仏がありとあらゆる世界にあまねく派遣していた無数の分身仏という三種の仏による予言も、泡と消えてしまいます。

これらのことがらを思い合わせると、最近、正法時代と像法時代にはなかった大地震が起こり、正法時代と像法時代には出現しなかった巨大な彗星が出現していますが、このような現象は、金翅《こんじ》鳥《ちょう》（迦楼羅《かるら》）と龍王が死闘を繰り返しているためとか、阿修羅が帝釈天と激しく戦っているためとかではなく、ひとえに地涌千界の四大菩薩たちが出現する前兆なのかもしれません。

天台大師智顗は、『法華文句』会本二十五の十二に、『法華経』の「従地涌出品」を解釈して、「雨が激しく降るのを見れば、雨を降らす龍が巨大であると知り、蓮華の花が盛んに咲くのを見れば、その池が深くて、肥沃であることがわかる」と述べています。これをうけて、妙楽大師湛然は、『法華文句記』会本二十五の二十二に、「智慧ある人はこれから起こることを予見し、蛇はみずからが蛇であることを識る」と述べています。

天が晴れれば、地は明るくなります。それと同じように、『法華経』の真実を理解する者は、世間で起こるありとあらゆる出来事の根本的な原因を認識できるのです。

【三】「妙法蓮華経」という妙法五字が末法時代の人々に差し出されている

わたしたちの絶え間なく動き続けてやまない一瞬一瞬の心の中に、仏界をはじめ、全宇宙がすべてそなわっているという一念三千の教えを理解できない者たちのために、釈迦牟尼仏は、大いなる慈悲を発揮され、「妙法蓮華経」という妙法五字の中に、この最高真理を包み込み、末法時代に生まれ合わせた、幼く、愚かなわたしたちの頸《くび》に、懸けさせてくださったのです。

そのおかげで、上行菩薩と無辺行菩薩と浄行菩薩と安立行菩薩の四人の菩薩たちが、「妙法蓮華経」という妙法五字を受持する者を、守護してくださいます。よく似た事例を中国の歴史から引くならば、周王朝の草創期に太公望と周公が、まだ幼かった周の成王を補佐し、漢の草創期に四人の賢人が、性格的にやや弱かった恵帝《けいてい》に仕えて、ともに立派な帝王に育て上げたように、守護してくださいます。

文永十年（一二七三）太才癸酉《みずのととり》　四月二十五日

日蓮が執筆いたしました。

副状《そえじょう》

帷《かたびら》（肌着）を一着、墨を三つ、筆を五本、たしかに頂戴いたしました。

観心の教えにつきまして、少しばかり書いてみましたので、大田乗明《おおたじょうみょう》殿や曾谷教信《そやきょうしん》御坊にもお見せください。

これは日蓮が身命をささげた大切な書物でございます。誰彼となくお見せにならず、『法華経』に純一な信仰をもつ方々にのみ、お見せください。

この書物は難問ばかりが多く、答えは少しに限られております。誰にとってもまだ聞いたことのない内容ですので、お読みになった方は耳を疑い、目もくらむばかりに驚くはずです。したがいまして、たとえどなたかにお見せになる場合でも、三人も四人も座を並べて読んでいただくわけにはまいりません。
釈迦牟尼仏が入滅されてから二千二百二十余年のあいだ、わたしがこの書物に説き明かした真実は、誰一人として語りませんでした。国家権力により流罪とされたこの身をかえりみず、末法時代の初めにある今だからこそ、説き明かしたのです。
どうかお願いでございます。この書物をご覧になった方々よ、わたしとともに、霊山浄土に詣でて、釈迦牟尼仏と多宝如来、そして釈迦牟尼仏がありとあらゆる世界にあまねく派遣していた無数の分身仏という三種の仏に、お会いしようではありませんか。

恐れ慎んで、申し上げます。

文永十年（一二七三）　太才癸酉　四月二十六日

日蓮　花押

富木《と》常忍《きじょうにん》殿へ

第Ⅱ部　解説

第一章　基本情報と執筆の動機

真蹟

『観心本尊抄』の真蹟、つまり直筆本は、千葉県市川市中山の中山法華経寺に所蔵され、「副状《そえじょう》」とともに国宝に指定されています。文体はすべて漢文です。

他の遺文がおおむね巻子本《かんす》なのに対し、料紙《りょうし》を広げたままで右端を綴じる帳面の形をとっています。使われている紙は厚手の楮紙《こうぞし》で、文字は表裏の両面に書かれ、全体で十七丁あります。

現状では牡丹文錦の表紙がつけられ、外題《げだい》として、法華経寺の第三世貫首《かんじゅ》となった日祐《にちゆう》（一二九八～一三七四）と思われる筆跡で、「観心本尊抄」と記されています。さらに、相伝者である日常上人（富木常忍）の筆跡が別に切り取られ、題簽《だいせん》として貼付されています（中尾堯著『日蓮聖人の法華曼荼羅』八六頁）。これは正保三年（一六四六）に実施された修理のときに、体裁を整えられたらしく、それまでは外題が上側に出るようにして、全体が縦に左右から三つ折に畳まれて保存されていたと推測されています。

第一紙から第十二紙までは、縦三十三cm×幅五十四・二cmですから、現在のB３に近い大判の楮紙が使われ、一紙に二十行、一行に十五文字が書かれています。第十三紙から第十七紙まではやや小さく、縦三十・三～四cm×幅四十五・四～五cmですから、現在のA3に近い大きさで、楮紙を木槌で叩いて表面を平滑にした打ち込み楮紙が使われています。一紙に二十行と十七行の二通りがあり、いずれも一行に十三文字が書かれています。

途中で紙の大きさが変わっている原因は、佐渡が遠隔地なのにくわえ、流罪の身の上なので、良質の紙がなかなか入手できなかったためのようです。たしかに、文永九年（一二七二）三月二十日に書かれた『佐渡御書《さどごしょ》』の追伸《ついしん》には、「富木殿のかた（富木常忍）、三郎左衛門殿（四条金吾）・大蔵たうのつじ十郎入道（本間十郎？）殿等・さじきの尼御前（妙一尼）」に宛てて、「佐渡国には紙がない上に、お一人お一人に宛てて送るのは煩しいですし、漏れてしまう方が一人でもあれば恨まれるかもしれません。この書状を、わたし（日蓮）を支援してくださる人々にお集まりいただいてお見せになり、ご理解いただいて心を慰めてください」と述べられています。

日蓮は、この書状が出された三月の前月の二月には、『観心本尊抄』の前作となった『開目抄《かいもくしょう》』を書き上げています。『開目抄』は、文体がかな交じり文ということもあって、使われている紙は『観心本尊抄』よりもずっと多く、六十六紙に達しています。おそらく、『開目抄』を書き上げた時点で、手持ちの紙をほとんど使い切ってしまったのでしょう。

わずかに残っていた紙に筆を走らせ、日蓮が『観心本尊抄』を書き上げたのは文永十年（一二七三）四月二十五日でした。

富木常忍

『観心本尊抄』の末尾に付された副状《そえじょう》には、宛先として富木常忍《ときじょうにん》の名が記されています。また、文中には、読んでもらいたい人として、太田乗明《おおたじょうみょう》と曾谷教信《そやきょうしん》の名があげられています。

富木常忍（一二一六～一二九九）は、下総国八幡荘若宮（現在の千葉県市川市若宮）に館をかまえていた豪族で、下総国（千葉県北部）の守護だった千葉氏に文官として仕え、文書作成や事務処理を担当していました。日蓮にとっては、最大級の支援者でした。そして、師と仰いだ日蓮の没後には出家し、常修院日常と称しました。

たとえば、日蓮が文応元年（一二六〇）の七月、鎌倉幕府の第五代執権、北条時頼《ときより》に『立正安国論《りっしょうあんこくろん》』を上奏したところ、その翌月、日蓮から厳しく批判されて怒った浄土教の信者たちに、そのころ居住していた松葉ヶ谷《まつばがやつ》の庵室を夜間、焼き討ちされるという事件（松葉ヶ谷法難）が勃発しました。このとき、富木常忍は日蓮の避難先として自身の館を提供しています。さらに、館内に法華堂を造って、安息や布教の場として提供しています。

文官として仕え、文書作成や事務処理を担当していた事実からわかるとおり、識字率が非常に低かった坂東の人としては、例外的に難しい文章も読みこなし、理解できたようです。そうでなければ、難解な漢文体で書かれた『観心本尊抄』を、日蓮が送るはずがありません。

富木常忍は、文書の管理能力でも、並外れてすぐれていたようです。あまり裕福ではなかったようですが、出家後には、館内の法華堂を改修して法華寺と号し、そこに『観心本尊抄』や『立正安国論』をはじめ、収集してあった日蓮直筆の文書（真蹟遺文）を保管し、『常修院本尊聖教事《じょうしゅういんほんぞんしょうぎょうのこと》』として後世に伝えるという重要な役割を果たしています。

しかも、自身の死後を考慮して「日常置文」、すなわち子々孫々が順守すべき事柄を記した文書をしたため、真蹟遺文は、たとえ物惜しみと批判されようが、絶対に寺外に出してはならない、けっして怠ることなく護持しなければならない、と定めています。日蓮の真蹟遺文が、鎌倉時代に誕生した他宗派の祖師たちよりも、はるかに多く残されている理由の一つは、このような富木常忍の対応に求められます。

法華寺は、戦国時代の天文十四年（一五四五）に、盟友の太田乗明が建立した本妙寺と合併し、法華経寺となりました。その門流は中山門流と呼ばれ、日蓮宗の中でも有力な教団に発展していきます。

太田乗明（一二二二〜一二八三）は日蓮と同じ年齢で、妻が日蓮聖人の従兄妹だったので、縁戚がありました。この関係から、日蓮が各地に学んでいたときから援助し、以後も日蓮が入滅するまで毎月ずっと、扶持米《ふちまい》を送っていたと伝えられます。そのため、日蓮は大田夫妻を父母になぞらえ、夫妻が出家したときには、乗明に妙日、妻に妙蓮の法号を授けたという伝承があります。

富木常忍と同じく、千葉氏に仕えていました。鎌倉にあった問注所《もんちゅうじょ》、つまり訴訟を担当する機関に出仕していた経歴の持ち主という説があるので、やはり文官で、文書に精通していたようです。日蓮が『観心本尊抄』を読ませたいというのですから、学識もかなりあったと思われます。

居住の地は、富木常忍の館のすぐ近くでしたが、越中（現在の富山県）にも所領をもっていました。大田乗明の父親と富木常忍の母親が縁戚関係にあったらしく、富木常忍が館内に造った法華堂で日蓮の説法を聞き、曾谷教信などとともに、帰依したと伝えられます。

そして、すで述べたとおり、中山にあった持仏堂を寄進して、本妙寺と称しました。その後、子息が日蓮のもとで出家し、直弟子の日高《にちこう》（一二五七〜一三一四）となりました。日高は身延山《みのぶさん》に隠棲した日蓮に仕えながら、その死に至るまで教えを学んだ後、帰郷して本妙寺に入りました。日高は父親との縁から、出家して日常を名乗った富木常忍とも師弟関係を結び、永仁七年（一二九九）に日常が死去すると、その遺言により、本妙寺に留まったまま法花寺の貫首に就任しています。こうして、両寺院の貫首に同じ人物が就任する規約が成立し、中山法華経寺へと発展していったのです。

曾谷教信

曾谷教信（一二二四〜一二九一）は、富木常忍や大田乗明と同様に、守護だった千葉氏に仕えた武士でした。家系については諸説あって確定できませんが、下総八幡庄蘇谷郷（現在の市川市曽谷）に在住していたので、曾谷を名乗ったようです。日蓮とは縁戚関係があったという説もあります。

しかも、娘が千葉氏第九代当主の長男の千葉胤貞《ちばたねさだ》に嫁ぎ、また姪が胤貞の従兄弟で第十一代当主となった千葉貞胤に嫁いで第十三代当主となった氏胤の生母となるなど、千葉氏の家臣団のなかでも極めて有力な人物でした。

富木常忍が館内に造った法華堂で日蓮の説法を聞き、大田乗明などとともに帰依して以来、ことのほか日蓮を敬愛し、日蓮もまた曾谷教信に対し、非常に懇切丁寧に接しています。とても富裕だったらしく、物心の両面で日蓮を支えました。そして、所領のあった平賀郷鼻輪（現在の松戸市平賀）の本土寺をはじめ、複数の寺院を建立したと伝えられます。

元寇の際に出陣の可能性があったほどの武人でありながら、大田乗明とともに、高い教養と卓越した理解力の持ち主だったようです。たとえば、文永十二年（一二七五）に、日蓮から、純漢文体で、上巻二十六紙に下巻十九紙という長大な『曾谷入道殿許御書』が、曾谷教信と大田乗明にあたえられています。その主旨は「五義」といって、仏法を広めるにあたり、㈠教を知る㈡機を知る㈢時を知る㈣国を知る㈤教法流布の先後を知るの、つごう五つの規範を心得ておかなければならないというもので、なまなかな知識や読解力ではとうてい理解できない内容です。

妻子もみなそろって日蓮に帰依し、嫡男の直秀は日蓮のもとで出家し、道崇と名乗りました。道崇は身延にいた日蓮に、多額の布施をおこないました。弘安二年（一二七九）八月十七日の『曾谷殿御返事』によれば、道崇の布施により身延に住む百余人の弟子らの賄いができたと感謝されています。

純漢文の著作が読めた七人

日蓮が純漢文体の書状を宛てた檀越《だんおつ》、すなわち在家の有力支援者は、すでにふれた富木常忍と大田乗明と曾谷教信の三人以外には、比企大学三郎能本《ひきだいがくさぶろうよしもと》・南部実長《なんぶさねなが》（波木井実長《はきりさねなが》）・池上宗仲《いけがみむねなか》・妙一尼《みょういちに》の四名だけでした（高木豊『日蓮とその門弟──宗教社会史的研究』弘文堂）。これら七人は、日蓮の著作を読みこなし、おそらくその主張を正しく理解できたとみなせます。

四人の履歴

比企大学三郎能本（一二〇二～一二八六）は、源頼朝にとって第一の側近だった比企能員《ひきのよしかず》の末子として生まれました。比企の変で北条氏に一族が滅ぼされたとき、京都にいたことと、まだ二歳だったため助命されています。成長して儒学を学び、儒学者として順徳天皇に仕え、承久の乱に敗れた順徳天皇が佐渡へ配流されたときも同行しています。後に鎌倉に帰って日蓮に帰依し、比企一族の館があった比企谷《ひきがやつ》に、日蓮宗最古の寺院となった妙本寺を建立しました。儒学者だったのですから、漢文に精通していたのは当然といえます。

南部実長（一二二二～一二九七）は、甲斐国巨摩郡の波木井郷（現在の南巨摩郡身延町梅平一帯）に居住していたので、波木井実長とも呼ばれました。文永六年（一二六九）頃、訪れた鎌倉で日蓮の辻説法を聞いて非常な感銘をうけ、日蓮に帰依しました。文永十一年（一二七四）に流罪を解かれた日蓮が、佐渡から鎌倉に戻ると、波木井郷へ招き入れ、領内の身延山中に草庵を造営して保護したのです。さらに、弘安四年（一二八一）には、十間四面の堂宇を建立して寄進し、日蓮が妙法華院久遠寺《くおんじ》と命名しています。こうして、日蓮宗総本山（祖山）としての久遠寺の創設されたのです。

池上宗仲（?～一二八八以降）は、武蔵国池上（現在の東京都大田区池上）の地頭御家人《じとうごけにん》として、この地に館をかまえていました。池上氏の職能については、鎌倉幕府の作事奉行《さくじぶぎょう》として、殿舎の造営や修理あるいは土木工事を管轄していたという説があります。作事奉行説が正しければ、当時としてはかなり高い教養の持ち主だったはずなので、純漢文体の文章を読みこなせたとしても不思議ではありません。日蓮との出会いは、建長六年（一二五四）、鎌倉の松葉ヶ谷に、諸宗を非難する狂僧がいると聞いたというのが最初で、康元年間（一二五六～七年）ころ、日蓮に帰依したと伝えられます。そして、弘安五年（一二八二）九月十八日、日蓮は病気治療のため常陸国へと向かうみちすがら、池上宗仲の居館（池上邸）に滞在し、十月十三日に入滅しました。正応元年（一二八八）の日蓮七回忌の際に、池上宗仲は、日蓮が後継の指導者として指名した六老僧の一人である日朗《にちろう》と協力、日蓮の御影像《みえぞう》を造り、堂宇に安置しました。これが久遠寺とともに、日蓮宗を代表する二大寺院として知られる本門寺の創始です。

妙一尼（一一八七～一二七四）は、鎌倉の桟敷《さじき》（現在の鎌倉市大町）という地に住んでいたので、桟敷尼と呼ばれていたという説もあります。工藤祐経《くどうすけつね》（一一四七／一一五四～一一九三）の娘として生まれ、印東三郎祐信《いんとうさぶろうすけのぶ》（?～一二四七）の妻となったと伝えられます。工藤祐経といえば、親の仇として曽我兄弟に討取られたことで有名です。そのため悪役の印象がありますが、若い頃に上洛し平重盛に仕えた経験もあって、実際は教養のある人物として知られていました。源頼朝が側近として重用した理由も、他の坂東武者にはない教養ゆえだったのです。ですから、妙一尼が純漢文体を読みこなせたのは、父の影響が大きかったと考えられます。夫の死後、所領を奪われて困窮していながら、日蓮が佐渡へ配流されたときには下人（滝王丸）をつかわせて給仕し、さらに身延山に隠棲したおりにも下人を日蓮のもとに送り、給仕させています。

弟子や檀越の数

日蓮には、指導する立場の弟子や指導される立場の檀越が、どれくらいの数いたのでしょうか。日蓮が建治二年（一二七六）、五十五歳のときに身延で記した『種種御振舞《しゅじゅおんふるまい》御書《ごしょ》』に、文永八年（一二七一）九月十二日、日蓮が斬首の危機に遭遇した「龍ノ口法難」に関連して、「讒言《ざんげん》する者たちが、日蓮の弟子や檀越が放火していると主張した。確かにその可能性があるから、日蓮の弟子や檀越を鎌倉に住まわせておいてはならないというので、二百六十余人が要注意人物として記載された」と書かれています。

「二百六十余人」の中に、弟子と檀越が、どれくらいの比率で含まれていたかはわかりません。一方、日蓮が在世していた時点の弟子の数は、遺文や曼荼羅本尊の授与書などから、六十六名の名が確認されています（高木豊　同上）。

この数から推測すると、「二百六十余人」の中にさほど多くの弟子が含まれていたとは考えられません。それでも要注意人物の周囲には、おのおの賛同者が複数いたでしょうから、「龍ノ口法難」の時点で、鎌倉だけでも、「二百六十余人」を超える数の帰依者がいたことは疑いようがありません。実数は知る由もありませんが、せいぜい千人か二千人くらいでしょうか。

では、仮に千人か二千人として、多いと言えるのでしょうか、それともさしたる数ではなかったのでしょうか。

そのころの鎌倉に、どれくらいの人々が居住していたのでしょうか。戸籍などなく、人口調査もされなかったので、確実な史料はありませんが、発掘成果などから、鎌倉時代の中期から末期の段階で六万人〜十万人くらいと推定されています（『よみがえる中世3　武士の都鎌倉』平凡社、五九〜六三頁／『日本経済の歴史1　中世』岩波書店、七四頁　表1-4）。

この「六万人〜十万人」に比べると、千人か二千人くらいの数の帰依者では、多いとはとても言えません。日蓮の弟子や檀越は、もちろん鎌倉以外にもいました。しかし、それらを全部合わせても、たいした数ではなかったようです。

この件については、最近の研究では、こう言われています。いわゆる鎌倉新仏教は、鎌倉時代に創始されたので、そう呼ばれてきましたが、鎌倉時代ではまだ微々たる存在にすぎず、いわゆる旧仏教を凌駕《りょうが》するほどの大きな勢力になったのは、室町時代の後半期になってからだったというのです。

日蓮宗（法華宗）の場合も、社会に影響をあたえるほどの勢力になったのは、応仁元年（一四六七）に勃発した応仁の乱以降、つまりいわゆる戦国時代になってから、という説が提示されていります（湯浅治久『戦国仏教―中世社会と日蓮宗』中央公論新社）。この説をめぐっては賛否の両論がありますが、無視するわけにはいかないようです。

龍ノ口法難から佐渡流罪へ

池上宗仲が、建長六年（一二五四）、鎌倉の松葉ヶ谷に、諸宗を非難する狂僧がいると聞いて、その説法を聞きに行き、それがきっかけとなって交流が始まったという逸話からわかるとおり、当時の人々の眼には狂気とも映った過激な言動ゆえに、日蓮はいくたびも「法難」を体験しています。そのなかでも、佐渡への流罪につながった「龍ノ口法難」は、斬首の危機に遭遇したのですから、生涯でも最大の危機でした。

「龍ノ口法難」の原因と経過については、花野充道氏がわかりやすく整理されているので、以下に引用します。

日蓮が四十七歳の時、蒙古からの国書が日本に届く。これを『立正安国論』で予言した他国侵逼難の的中と受け止めた日蓮は、『安国論勘由来』を著わして、再び国家へのはたらきかけを強めた。それと同時に、諸宗批判もエスカレートし、念仏者との軋轢はさらに高まっていった。

文永八年（一二七一）の七月、日蓮が五十歳の時、念仏僧の行敏から問難を受けたので、公場での法論を望む返書をしたためて送付した。それに対して、行敏は日蓮を幕府に訴えたが、その背後には律宗僧の忍性（良観）や、念仏僧の良忠（念阿弥陀）・道教（道阿弥陀）らの策動があった。九月十日、日蓮は幕府から召喚を受けることになった。評定所に出頭した日蓮は、平頼綱に向かって「一切の念仏者・禅僧等が寺塔をば焼きはらいて、彼等が頸をゆいのはまにて切らずば、日本の国は必ずほろぶべし」（『撰時抄』）と諫言したと自ら記している。これが第二回目の諫暁である。九月十二日、ついに日蓮は幕府によって捕えられ、罪人として鎌倉の市中を引き回された後、竜の口刑場へ送られることになった。

（「日蓮の生涯とその思想」『シリーズ日蓮2　日蓮の思想とその展開』春秋社）

このときのことを、日蓮は『開目抄』において、こう述べています。

日蓮といゐし者は、去年《こぞ》九月十二日、子丑《ねうし》の時に頸はねられぬ。此は魂魄、佐土の国にいたりて、返年の二月雪中にしるして、有縁の弟子へをくれば、をそろしくてをそろしからず。みん人、いかにをぢずらむ。此は釈迦・多宝・十方の諸仏の未来日本国、当世をうつし給う明鏡なり。かたみともみるべし。

さらに、『種種御振舞御書』では、「子丑の時、つまり深夜に、頸を斬られそうになったとき、江の島の方角から、月のように光ったものが、毬《まり》のように東南から西北の方へ飛んでいった。日蓮を斬ろうとかまえていた太刀取りは、その光で目がくらんで倒れ伏し、兵士どもは恐れおののき、逃げ去った者もいれば、馬上でうずくまっていた者もいた。頸を斬るならば、早く斬るがいい。夜が明けたら見苦しいではないか、と言ったが、誰も返事をしなかった」と書かれています。

結局、斬首は取りやめとなり、日蓮は佐渡への流罪となりました。『種種御振舞御書』によれば、佐渡国の守護代（代官）を務めていた本間六郎左衛門《ほんまろくろうざえもん》が、所領としてもっていた相模の依智《えち》の郷（現在の神奈川県厚木市北部）の館に滞在していたとき、鎌倉から北条時宗《ときむね》の正式な命令書（立文／竪文）をたずさえた使者が来ました。日蓮の頸を斬れという命令かと危惧したのですが、案に相違して、処刑の中止を告げる使者でした。その理由は「追状」に、「この人は罪がない人である。もう少し時がたてば、お許しになるはずである。早まったことをしては、後悔することになりかねない」と書かれていました。

斬首から罪を軽くされ、佐渡への流罪に変更された理由は、いろいろ推察されています。陰陽《おんみょう》師《じ》に占わせたところ、日蓮を咎めたために国が大きく乱れる兆しが現われたという託宣があったからという説もあれば、北条時宗の妻（覚山）の懐妊が明らかになるという慶事にちなみ、死一等を減じられたのではないかという説もあります。当時の慣行からすると、ありそうな話ですが、決定的とは言えません。

ともあれ、北条時宗からの命令書を受けて、相模の依智《えち》の郷から出立し、越後の寺泊を経由して、佐渡へ渡ることになります。日蓮には、日興《にっこう》をはじめ、数人の弟子が随行していました。

回心

このときの「光りもの」については、諸説あります。懐疑的な見解もあります。現代の科学的な知見から推測すると、火球、すなわち巨大な流星が飛来したのかもしれません。いずれにしても、あくまで自然現象だったのでしょう。

この点について、末木文美士氏は、こう解説しています。


この「ひかりたる物」の出現こそ、日蓮伝を彩る様々なできごとの中でも最大の奇蹟であり、日蓮神話の中でももっともドラマチックな一場面である。実際、このとき処刑場に引き出されたことは、日蓮の生涯の大きな転機になったと思われ……この時の体験が、日蓮をしてまさに一回死んで甦る大きな転機となっていたことが知られる。……何か流星のようなものがあったかどうか、確かなことは知られないが、近代的な合理主義の立場から一刀両断するのは、あまりに単純すぎる。ともかく当時の人々の目には奇蹟と見えることが起こった、あるいは、少なくとも日蓮の目にはそう映ったことは認めなければならないだろう。

（『増補　日蓮入門――現世を撃つ思想』筑摩書房）

わたしも同感です。この体験が、日蓮に「自分は一度死んで、生まれ変わった」と認識させるに至ったのです。これは、「日蓮といゐし者」と自分を過去形で表現している事実から推して、否定できません。

十月二十八日に佐渡へ到着した日蓮は、十一月一日に本間六郎左衛門の館の後ろにあった塚原（現在の佐渡市目黒町鳥居畑）の三昧堂に入り、すぐ『開目抄』を執筆し始めました。塚原の三昧堂は、その名のとおり、塚（墓）が点々とある野原に建てられていた、いわば掘っ立て小屋でした。『種種御振舞御書』に、「上はいたまあはず、四壁はあばらに、雪ふりつもりて消ゆる事なし」と書かれていますから、冬ともなれば、あちこちにあいた隙間から雪が吹き込むという、過酷な環境だったようです。

同書には、「去年の十一月より勘《かんが》へたる開目抄と申す文二巻造りたり。首切るるならば日蓮が不思議とどめんと思て勘へたり。此の文の心は、日蓮によりて日本国の有無はあるべし。譬へば宅に柱なければたもたず。人に魂なければ死人也。日蓮は日本の人の魂也。平左衛門〔平頼綱〕既に日本の柱をたをしぬ」と書かれています。

ここに出てくる「不思議」は、「日蓮は竜の口で死に、魂魄＝末法の法華経の行者＝上行菩薩となって蘇り、日本国に上行菩薩所伝の妙法を弘通するという不思議……それまでの天台沙門としての日蓮は死に、以後は魂魄となって上行菩薩の自覚のもとに生きていく。……この宗教的回心を、日蓮教学では「発迹顕本《ほっしゃくけんぽん》（仮の姿を脱して真の姿をあらわす）」と呼んでいる」（花野充道　同上）のです。

『開目抄』執筆の背景と動機

『開目抄』を執筆した動機は、引用したとおり、「日蓮によりて日本国の有無はあるべし。譬へば宅に柱なければたもたず。人に魂なければ死人也。日蓮は日本の人の魂也」と自覚したからでした。そして、この自覚の背景には、過酷な法難をきっかけに、日蓮を見限る人々があまた現れたことが大きく影響した形跡があります。

文永十年（一二七三）九月十九日に佐渡の一谷《いちのさわ》で書かれ、ということは日蓮が弟子や檀越たちに続々と見限られていた時点で書かれ、六老僧の一人の弁阿闍梨《べんあじゃり》こと日昭《にっしょう》の母に宛てて出された『弁殿尼御前御書《べんどのあまごぜんごしょ》』には、こう記されています。「日蓮は我が身をもって、正義の戦いを起こして二十余年になります。日蓮には一度たりとも退く心はありませんでした。それなのに、弟子たちや檀那たちの中にいた臆病者は、ほとんどが悪道に堕ちたり信仰を捨てたりしてしまいました」。

また、建治三年（一二七七）五月十五日に身延で書かれ、ということは佐渡への流罪にともない日蓮が弟子や檀越たちに続々と見限られた過去を述懐するかたちで書かれ、上野殿こと南条時光《なんじょうときみつ》（一二五九～一三三二）に宛てて出された『上野殿御返事（梵帝御計事）』にも、こう記されています。

「大魔のついた者たちは、一人を教訓して悪道に堕とすと、それをきっかけにして、多くの人を悪道に堕とすのです。日蓮の弟子だった少輔房も能登房も名越の尼も、みな欲が深く、心は臆病で、愚痴にもかかわらず、自分は智者だと自負していた連中だったので、不測の事態が起こったときは、これ幸いとばかり、多くの人を悪道に堕としたのです」。

では、なぜ、日蓮は弟子や檀越たちに見限られたのでしょうか。その答えは、弟子や檀越たちに深刻な疑問が生まれたからでした。深刻な疑問とは、日蓮はこれまで、『法華経』を信仰する者には、諸天善神の加護があると説いてきたのに、今回の法難を体験してみると、日蓮にもその弟子や檀越にも、諸天善神の加護はなく、酷い目にあったではないか、ということでした。

この疑問を放置すれば、日蓮にとってはまさに致命傷となります。となれば、日蓮は弟子や檀越たちの疑問に、是が非でも答えなければなりません。

『開目抄』の概要

全体の構成をしめす章や節はまったくありません。近代日本の思想家の中で、きわだって日蓮を高く、しかも正当に評価した高山樗牛《たかやまちょぎゅう》（一八七一～一九〇二）は、まるで瀑布《ばくふ》のような文章と評しています。たしかに、一気呵成《いっきかせい》に書かれた印象を強く受けます。それゆえか、表現は簡潔で断定的であり、聖典や祖師たちの論考を引用して綿密な構成で教義を論じるという形態ではありません。この点は『観心本尊抄』と対照的です。

通説では、全体を三段（三部）に分けています。

第一段では、序論として、インドの仏教以外の宗教、中国の儒教と道教、そして仏教を比較検討して、精神世界の頂点に仏教が位置し、さらにその仏教の中でも『法華経』が最高位にあることを述べています。

第二段では、本論として、『法華経』こそ、現時点でわたしたちが生きている末法時代の汚れた世を、ありのままに映し出す明鏡であり、それが真実であることは、日蓮自身の『法華経』理解ならびにその理解にもとづく実践によって、確信できたと述べています。

第三段では、余論として、第一段と第二段の考察をふまえ、『法華経』を弘通《ぐずう》するために、なにをなすべきか、論じています。

ここで日蓮が駆使した方法論が「五重相対」です。

①内外相対：内道（仏教）と、外道（インド・中国などの宗教）を比較検討して、いずれが勝り、いずれが劣るかを示します。

②大小相対：大乗仏教と小乗仏教を比較検討して、いずれが勝り、いずれが劣るかを示します。

③権実相対：仮の教えである『法華経』以前の経と真実の教えである『法華経』を比較検討して、いずれが勝り、いずれが劣るかを示します。

④本迹相対：『法華経』の本門と迹《しゃく》門を比較検討して、いずれが勝り、いずれが劣るかを示します。

⑤教観相対：『法華経』の教相（経文上にあきらかに説かれていること）と観心（経文の底に秘められていること）を比較検討して、いずれが勝り、いずれが劣るかを示します。なお、⑤については宗派により異論もあります。

そして、『法華経』の根本が「一念三千《いちねんさんぜん》」にあることを明らかにしたうえで、「二乗作仏《にじょうさぶつ》」と「久《く》遠実成《おんじつじょう》」を論じています。さらに、「色読」あるいは「身読」と呼ばれる日蓮独特の『法華経』解釈を展開し、天台大師智顗《ちぎ》の一念三千が理の一念三千なのに対し、日蓮の一念三千は事の一念三千であると主張しています。ただし、教義にまつわる詳しい解説は、すでに述べたとおり、『観心本尊抄』を待たなければなりません。

諸天善神の加護がない理由

諸天善神の加護がないのはなぜか、という難問に対して、日蓮は『開目抄』の本論にあたる部分の末尾に位置する第十五章において、おおむね以下のように答えています。

> わたし（日蓮）の考えでは、前世で『法華経』を誹謗する罪を犯さなかった者が、現世で『法華経』を実践しているはずです。このような者に罪を着せるならば、罪を着せた者に厳しい罰が現にあらわれるのでしょうか。

この点について、天台大師智顗の『法華玄義』第六には、「今受けている苦難はことごとく過去世で犯した罪による。今生で積んだ福徳は来世で受けとることになる」と述べています。『心地観経《しんじかんぎょう》』には、「過去の因縁は、現在の結果を見ればわかる。来世の結果は、現在の行為にかかっている」と説かれています。

『法華経』の「常不軽菩薩品《じょうふきょうぼさつ》」を読むと、「その罪をつぐない終えて」と説かれていて、常不軽菩薩は過去世で『法華経』を誹謗なさった罪がその身にあるので、瓦や石を投げつけられたとわかります。

また、必ず地獄に堕ちると決まった者は、たとえ重い罪を犯したとしても、その罰があらわれるのは来世、来世でなければさらにその次の生というように、現世で罰があらわれたりはしないのです。いわゆる一闡提《いっせんだい》のことです。

『(大乗)涅槃経』の「如来性品《にょらいしょう》」によれば、この者は、悟りを求める心(菩提心)を起こさず、正法を誹謗します。その中でも最悪の者は、生まれ変わるたびに地獄の中でも最悪の無間《むけん》地獄に堕ちていくことになっているので、かえって現世では罪はあらわれないのです。

さらに、この国を守護すべき神々が、この国を見捨ててしまったために、現に罰があらわれないのかもしれません。正法を誹謗する国を守護神が見捨ててしまえば、諸天もその国を守護することはありません。このような状況ですから、正法を実践している者が守護されるという効験《こうけん》がしめされるはずがありません。それどころか、逆に大きな災難に遭遇するのです。『金《こん》光明経《こうみょうきょう》』の「正論品」には、「善法を実践する者は、日がたつにつれて衰微してしまう」と説かれています。詳しい説明は、『立正安国論』に述べています。

三大誓願

以上のとおり、『法華経』を実践する者は災難に遭遇せざるを得ない、と日蓮は主張します。そして、こう結論を下すのです。

つまるところ、『法華経』を実践する者は、本来であれば守護してくださるはずの諸天よ、お見捨てください。もろもろの苦難にも会いましょう。身命のある限り、『法華経』の実践に身命をかけましょう。

とにもかくにも、『法華経』を捨てるということは、地獄へ堕ちる行為なのです。

わたし（日蓮）はまだ若かったころ、誓願を立てました。「日本国の国主の地位を譲りあたえよう。だから、『法華経』を捨てて『観無量寿経《かんむりょうじゅきょう》』などによって後生の幸福を願いなさい」とか、「念仏を称《とな》えなければ、父母の頸《くび》を刎《は》ねてしまうぞ」とか、さまざまな大難に遭遇しようとも、智慧ある人にわたしの教義を破られない限り、けっして屈伏はしません。その他、どのような大難に遭遇しようとも、それは風前の塵にすぎません。

わたしは日本国の柱となろう、わたしは日本国の眼目となろう、わたしは日本国を乗せる大きな船となろう、などと誓ったのです。この誓願を破るわけにはいきません。

旃陀羅という自覚

さきほどふれたとおり、『開目抄』には、「日蓮によりて日本国の有無はあるべし。譬へば宅に柱なければたもたず。人に魂なければ死人也。日蓮は日本の人の魂也」と書かれています。また、たったいま、引用したとおり、「我れ日本の柱とならむ、我れ日本の眼目とならん、我れ日本の大船とならむ」とも書かれています。これらの言葉はあまりに自信過剰、人によっては誇大妄想あるいは自己肥大の極みと受けとられかねません。

しかし、日蓮がそのような人格の持ち主でなかったことは、『開目抄』を書き上げた直後の文永九年（一二七二）三月二十日、富木常忍に宛てて出された『佐渡御書』には、まったく対照的な表現が見られる事実から証明できます。なぜならば、「何《いか》に況《いわん》や日蓮今生には貧窮下賤の者と生れ、旃陀羅《せんだら》が家より出たり。心こそすこし『法華経』を信じたる様なれども、身は人身に似て畜身なり」と書かれているからです。

ここで注目すべきは「旃陀羅」です。サンスクリット（梵語）の「チャンダーラ」を漢字で音写した語で、インドの身分制度では最下層とされたシュードラ（首陀羅）よりもさらに下に位置付けられ、漁猟や屠畜や獄守などの職業に従事する人々を意味していました。

弘安元年（一二七八）九月、安房国（現在の千葉県南部）清澄寺《せいちょうじ》の浄顕房《じょうけんぼう》に宛てて送られた『本尊問答抄』には、「安房国長狭郡東条郷片海の海人が子也」と書かれていますから、日蓮の生家は漁猟に従事していた事実がわかります。したがって、日蓮の出自は、当時の社会において、少なくとも仏教的な価値観からすれば、最下層だったことになります。

そのような出自の日蓮が、「日蓮によりて日本国の有無はあるべし。譬へば宅に柱なければたもたず。人に魂なければ死人なり。日蓮は日本の人の魂也」と主張したのです。この主張の真意は、社会の最下層に生まれながら、いや社会の最下層に生まれたがゆえに、自身が『法華経』に説かれる「地涌《じゆ》の菩薩」であることを認識し、さらに「地涌の菩薩」こそ、危機的な状況にある日本を導いていく責務があると宣言したと受けとれます。

ただし、『開目抄』の段階では、自身が「地涌の菩薩」であることを熱烈に語ることに重点が置かれています。「地涌の菩薩」について、冷静に考察し、説得力をもって語る仕事は、次作の『観心本尊抄』を待たなければなりません。

日蓮＝上行菩薩論

以上のとおり、日蓮が自身を「地涌の菩薩」と認識していたことは、疑いようがありません。ただし、「地涌の菩薩」の中でも、特に指導的な立場にあるという上行菩薩と認識していたか、否か、をめぐっては、最重要とされる課題でありながら、決着がついているわけではありません。

正統とされる大崎教学（立正大学の教学）では、「概観してみると、上行自覚についての決定的な意思表明の文章は見当たらないけれども、上行菩薩の行儀と自己の弘教とを重ね合わせ、自身を上行菩薩になぞらえていると思われる部分が、かなりあることがわかる。その表出は、文永十年（一二七三）の『観心本尊抄』あたりから始まり、文永十一年（一二七四）の『法華取要抄』でほぼ確定的な表明にいたったものと思われる。その後も、上行菩薩について言及を続けるなかで、時には相対化した表現を通して、自身と上行菩薩との一体化を、法華経実践の中に確立していこうとされていたように思われる」（庵谷行亭「日蓮聖人の上行自覚について」『大崎学報』一五三）と主張されてきました。

その一方で、「特に宗門にあっては、日蓮＝「地涌・上行菩薩」という等式は、一種の「公理」ともいうべきテーゼであって、そのことに疑念が挟まれることはまずなかった、といってよい。宗門ばかりではない。宗外の研究者にあっても、このテーゼを基本的には受け入れているとみてよい場合が往々にして見受けられる。しかし、日蓮遺文に直接当たってみると、ことはそれほど単純ではない……文献学的に信頼し得る遺文によるならば、日蓮がみずからの自覚に即して「一人称」の形で公言した自己の位置づけは、「地涌・上行菩薩」に先立つ者、あるいは、その庇護をこうむる者に止まる、といわねばなるまい」（間宮啓壬「日蓮における地涌・上行自覚の再検討」『日蓮仏教研究』二）という指摘もあります。

さらに、上行菩薩は日蓮本人か、日蓮の守護者か、という設問もあります。いいかえれば、上行菩薩は、日蓮自身をなぞらえる対象か、日蓮自身を守護する尊格か、どちらなのか、という設問もあります。

要するに、日蓮が自身を上行菩薩と認識していたか否か。この課題は、日蓮宗という宗門にとっては、「宗義が根底から崩れかねない大問題である。だからこそ、我々門下はさらなる考究を重ねる必要がある」（岡田文弘「研究ノート　日蓮聖人の上行自覚」『現代宗教研究』五四）とみなされているのです。

『観心本尊抄』執筆の動機

日蓮が『観心本尊抄』を執筆した動機については、文永八年十月二十二日に、佐渡へ流罪になるみちすがら、順風を待って一時滞在して越後の寺泊《てらどまり》から、富木常忍に宛てて書き送った『寺泊御書』が手掛かりとなります。『寺泊御書』は真蹟、つまり日蓮自身の直筆が、千葉県市川市の中山法華経寺に現存するので、史料として抜群の信憑性があります。

内容は、おおむね『法華経』こそ最高の教えと主張し、ひいては『法華経』以外の経典にもとづく諸宗に対する批判、とりわけ真言宗に対する強烈な批判です。

注目すべきは、終わりに近いあたりに、以下に引用するとおり、日蓮自身に対して、「或人」から寄せられた批判が列挙されている点です。なお、この文章は、宛先の富木常忍が日蓮にとって最高の理解者だったこともあって、とても簡潔、というより簡潔すぎます。したがって、日蓮の思想や『法華経』について、詳しく知らないとまったく理解できません。そこで、訳文にはわたしがかなり註釈的な文言をくわえています。

或人難日蓮云不知機立麁義値難。或人云如勧持品者深位菩薩義也。違安楽行品。或人云我存此義不言［云云］。或人云唯教門計也。理具我存之。

（日蓮は相手の資質をよく考えずに、粗っぽくて強引な宗義を立てたから、酷い目に合うのだ、と非難する人がいます。『法華経』「勧持品」に『法華経』を受持する行者は必ず苦難に遭遇すると説かれているのは、高い境地の菩薩の場合であって、日蓮のような者の場合は、「安楽行品」に説かれているように、忍耐強く温和な態度をたもって布教すべきなのに、そうしないから酷い目に合うのだ、と非難する人もいます。内心では、日蓮は主張するように、『法華経』の布教に身命をささげなければならないとわかってはいても、現状を考えると、実践できない、という人もいます。日蓮の教えは理論ばかりだが、わたしは天台宗の理具の法門、つまり自身の心を観想して、凡夫の迷いの一念に全世界が具備されていると見抜く実践法を知っている、という人もいます）

この場合の「或人」は弟子や支援者を指していると考えられますから、日蓮はいわば身内からも非難されていたことになります。もしかしたら、日蓮と親しい関係にあるのを咎《とが》められて巻き添えを食らわされてはかなわない、もっと穏便な布教法を採用してほしい、とにかくおとなしくしていてほしい、と願っていた人がけっこういたのかもしれません。

『観心本尊抄』との関連で特に重要なのは、「或人云唯教門計也。理具我存之」という一節です。

要するに、日蓮は理論に終始していて、実践法がない、と批判されているのです。しかも、「わたしは天台宗の理具の法門を知っている」という文言は、弟子のわたしは実践法を知っているのに、師のあなた（日蓮）は実践法を知らないのか、と難詰されていることを意味します。

『観心本尊抄』という表題の「観心」とは、中国における法華経信仰を理論と実践の両面から確立した天台智顗の『摩訶止観《まかしかん》』によれば、「自己の心の本性を正しく観察してあきらかにする観想法（瞑想法）」です。「理具」とは、「観心の法（正観《しょうかん》／正修止観《しょうしゅしかん》）」を実践して体得した「凡夫の心に十界（地獄界・餓鬼界・畜生界・修羅界・人界・天界・声聞界・縁覚界・菩薩界・仏界）が具備されている」という真理を意味しています。

このようないきさつを見ると、「或人云唯教門計也。理具我存之」という批判に対する日蓮の応答が、『観心本尊抄』だったことがわかります。

如来滅後五五百歳

『観心本尊抄』の正式な表題は『如来滅後五五百歳始観心本尊抄』といいます。

「如来滅後五五百歳」とは、仏教の開祖である釈迦牟尼仏が入滅されてから五回目の五百年を意味しています。中国の北斉《ほくせい》時代に、北西インドのウディヤーナ（現在のパキスタン北部）出身の那連《なれん》提耶舎《だいやしゃ》（ナレンドラヤシャス　四八九頃～五八九）が訳出した『月蔵経』（『大方等大集経《だいほうどうだいじっきょう》）』に所収）によれば、釈迦牟尼仏が入滅した後の二千五百年間は、以下のように分類されます。

㈠第一の五百年は悟りを開く者が多い期間（解脱堅固《げだつけんご》）
㈡第二の五百年は瞑想を実践する者が多い期間（禅定堅固《ぜんじょうけんご》）
㈢第三の五百年は仏の教えを熱心に聞き学ぶ者が多い期間（多聞堅固《たもんけんご》）
㈣第四の五百年は仏塔や寺院を建立する者が多い期間（造寺堅固《ぞうじけんご》）
㈤第五の五百年は互いに自説に固執して争う者が多く、正しい教えが損なわれる期間（闘諍堅固《とうじょうけんご》）

また、唐時代の法相宗《ほっそうしゅう》の基《き》（慈恩）が法相唯識の法門を解説した『大乗法苑義林章《だいじょうほうおんぎりんしょう》』によれば、以下の三段階に区分されます。

㈠正法《しょうぼう》：釈迦牟尼仏の教え・その実践（行）・その結果（証）の三つがそなわる時代
㈡像法《ぞうぼう》：教と行があって、証のない時代
㈢末法《まっぽう》：教のみあって、行も証もない時代

これら三つに時代がどれくらいつづくか、をめぐっては諸説あります。中国の仏教界では正法時代が五百年間、像法時代が千年間という説が有力だった時期もありましたが、鎌倉時代の日本仏教界では正法時代と像法時代がおのおの千年間つづき、今は末法時代に入っているという認識が通説となっていたようです。

この点は、法然の弟子であり、浄土真宗の祖となった親鸞《しんらん》（一一七三～一二六三）が、最晩年の正嘉元年（一二五七）に、七五調でわかりやすく教えを説いた『正像末和讃《しょうぞうまつわさん》』の第一首として、以下をあげている事実から確認できます。

釈迦如来かくれましまして
二千余年になりたまふ
正像の二時はおはりき
如来の遺弟悲泣せよ

釈迦牟尼仏の入滅年代

釈迦牟尼仏ことゴータマ・ブッダがいつ入滅したか、はいまだ確定していません。生没年については、現時点で、以下の説が提示されています。

①南伝（南方仏教）①紀元前六二四年〜前五四四／五四三年
②紀元前五六三年〜前四八三年
②北伝（北方仏教）③紀元前一〇二九年〜前九四九年
④紀元前四六六年〜前三八六年
⑤紀元前四六三年〜前三八三年

近年は、中村元氏が主張した⑤紀元前四六三年〜前三八三年が有力視されてきましたが、ごく最近、ジャイナ教の文献研究や考古学の成果から、スリランカ以外の南方仏教系古伝承である①紀元前六二四年～前五四四／五四三年も無視できなくなっているようです。

もっとも、日蓮や親鸞が、①紀元前六二四年～前五四四／五四三年や⑤紀元前四六三年～前三八三年を知る由《よし》がありません。かれらが信じていたのは、③紀元前一〇二九年～前九四九年でした。この説は、中国の唐初期に書かれたと推測される『周書異記《しゅうしょいき》』に記されています。『周書異記』は、古代の周王朝の歴史に仮託して、儒教に対する仏教の優位性を語る書物です。いわゆる偽書であり、その主張の「紀元前九四九年入滅」説は、どう考えても論外です。

しかし、中国仏教では長らく真説とみなされ、中国仏教の圧倒的な影響下に成立した日本仏教でも、最澄をはじめ、多くの仏教者が採用してきた、いわば定説でした。最澄や親鸞は、この説を根拠に、いつから末法に入るか、ということを論じているくらいです。欧米から近代仏教学が導入されるまで、いいかえれば百五十年ほど前まで、いまでは荒唐無稽《こうとうむけい》と片付けられてしまう説こそ、日本仏教の歴史観をささえる屋台骨だったのです。

「始」＝末法時代の初め

表題の『如来滅後五五百歳始観心本尊抄』には、わざわざ「始」という字が入っています。その理由は、何でしょうか。

もし、「紀元前九四九年入滅」説をとれば、末法時代に入ったのは一〇五二年です。日蓮が『観心本尊抄』の執筆を完成した文永十年（一二七三）は、仏滅後二千二百二十二年目にあたります。二千二百二十二年＝五百年×四＋二百二十二年という計算になりますから、末法時代に入って二百二十二年目です。

末法時代の長さについては、一万年説が有力でした。この説の起源がインドか中国か、はあきらかになっていませんが、天台智顗が活躍していた隋時代には、すでに定着していたと考えられています。

その証拠に、中国天台宗の第二祖であり、天台智顗の師となった南嶽大師慧思《えし》（五一五〜五七七）が、五百六十年頃に記した『立誓願文《りゅうせいがんもん》』に、「末法は……一万歳を足満して止住す。末法に入り九千八百年を過ぐるの後、月光菩薩、真丹国に出で説法して大いに衆生を度す。五十二年を満ちて涅槃に入りて後、首楞厳経《しゅりょうごんきょう》、般舟三昧《はんじゅざんまい》（経）先ず滅して現ぜず。余経次第に滅し、無量寿経、後に在って百年住することを得て大いに衆生を度し、然る後に滅し去りて大悪世に至る」と書かれています。さらに、慧思の後輩になる浄影寺慧遠《じょうようじえおん》（五二三〜五九二）は、著作の『無量寿経義疏《ぎしょ》』において、『無量寿経』の「当来世経道滅尽」という経文に「釈迦の正法に五百年あり、像法は千歳、末法万歳なり」と註釈しています。

以上のとおり、「紀元前九四九年入滅」説を前提に、鎌倉時代の日本仏教界で通説になっていた正法時代と像法時代の合計二千年がつづき、その後に末法時代が一万年つづくとすれば、末法時代に入って二百二十二年は千分の二百二十二、つまり末法時代の五百分の一くらいにしかならないので、「末法時代の初め」と述べてもおかしくありません。

したがって、表題の『如来滅後五五百歳始観心本尊抄』に「始」という字が入っている理由は、「末法時代の初め」を強調するためだったと考えられます。日蓮にとって、自分が今いる時代が「末法時代の初め」という認識は、きわめて重要でした。『観心本尊抄』の主題とみなして良いくらいなので、この件については、のちほど詳しく論じたいと思います。

第二章　思想

構成

全体は「三十番問答」、つまり三十の質問と回答から構成されています。ただし、第六番目の質問に対する回答がないので、「三十問二十九答」とみなしたほうが良いという見解もあります。

内容から考えると、いくつに分けられるか、をめぐっては、古来、二段説・三段説・五段説があります。このうち、現在では、望月歓厚（一八八一～一九六七）などの先学が主張した三段説が主流になっていますので、本書でも三段説を採用しています。三段説も分け方に異説がありますが、本書では、やはり現在では主流になっている能観の題目段・所観の本尊段・弘通段という分け方にならっています。

さらに、本書では、望月歓厚師が提唱した八章構成説が、この難解な著作を正しく理解するうえで有益と考えて採用しています。同じ意図から、各章ごとに複数の節をもうけています。

以上の要件を網羅すると、「三十番問答」は以下のように区分されます。

第一段―冒頭～第二十答の中ほどの「一身一念遍於法界等云々」まで―第一章～第四章

第二段―第二十答の末尾―第五章

第三段―第二十一問の始め～第三十答の末尾―第六章～第八章

巻頭

まず、天台大師智顗《ちぎ》の著作、正確には智顗の講述を弟子の章安大師灌頂《かんじょう》が筆録した『摩訶止観《まかしかん》』第五巻の「観不思議境」、つまり「最上の完璧な悟りの境地を観察する瞑想」に説かれている一節が引用されます。その目的は、『観心本尊抄』の主題が一念三千であることをしめすためです。

ただし、『摩訶止観』には「ほんの微小でも、心があれば、その心にこの三千種の世間がそなわっているのだ」とは書かれていますが、一念三千という成語はありません。一念三千という成語を史上初めて使ったのは、中国天台宗第六祖の妙楽大師湛然《たんねん》です。このことは日蓮も知っていました。その証拠に、第二十の問答に、「妙楽大師湛然は、天台大師智顗があらわした『摩訶止観』に註釈した『摩訶止観輔行伝弘決《ぶぎょうでんぐけつ》』において、「まさに知らなければなりません。わたしたちの心が存在する場である身体も、その身体が存在する場である国土も、わたしたち凡夫ひとりひとりの心の一念に具備されている三千の法界そのものなのです」と述べています。

では、なぜ、日蓮は一念三千という名称の出所を、天台大師智顗の『摩訶止観』第五巻に求めたのでしょうか。日蓮は、以下のように考えていたようです。

①一念三千は、釈迦牟尼仏が『法華経』においてのみ説いた最上の真理であり、この教えに

よってのみ、生きとし生けるものすべての成仏が可能になる。
②このことを天台大師智顗は覚知し、『摩訶止観』第五巻に説いた。
③しかし、天台大師智顗が在世していた時代は像法《ぞうぼう》時代だったので、迹門《しゃくもん》にもとづく「理《り》の一念三千（理具の教え＝凡夫の心に仏界が具備されていることの理論的な解明）」として説くにとどまり、釈迦牟尼仏がほんとうに伝えたかった「事《じ》の一念三千（事行の教え＝絶対の事実として具備されている一念三千ならびに本門の本尊を信じ、身体活動と言語活動と精神活動の三業《さんごう》にわたる「妙法蓮華経」という五字の受持）」は、やがて訪れる末法《まっぽう》時代に譲った。
④『法華経』「流通分」の真意は、『法華経』を未来永劫にわたって弘めたいという釈迦牟尼仏の悲願にほかならない。
⑤このことをわたし（日蓮）は、『法華経』「流通分」を読み解いて理解し、末法時代こそ、一念三千が弘められるべき時代だと認識した。
⑥以上のゆえに、わたし（日蓮）は、釈迦牟尼仏の悲願を双肩にになって、「事の一念三千」の世界を生き抜くと決心した。

一念三千──『開目抄』から『観心本尊抄』へ

日蓮は前著の『開目抄』において、「一念三千の法門は、唯一、『法華経』の本門寿量品の門の底に沈められています。龍樹や世親はそれを知っていたにもかかわらず、拾い上げようとはしませんでした。唯一、わたしたちの先駆者である天台大師智顗だけが拾い上げ、みずからの法門として、いだいていたのです」と述べています。また、「天台大師智顗が開示した一念三千の法門こそが、成仏への道と思われます。わたしたちのような末法時代の者たちには、ほんのわずかな理解力もありませんが、釈迦牟尼仏がその生涯のあいだにお説きになった経典のうち、この『法華経』だけが一念三千の宝玉を内蔵しています」とも述べています。

「『法華経』の本門「寿量品」の門の底に沈められていた一念三千」という表現について、間宮啓壬氏はこう解説しています。

日蓮は、佐渡に入って間もなく、一念三千を、「言葉＝文」のレベルにおいてではなく、その底に沈められた世界として新たに位置づけるに至った。より詳しくいうならば、一念三千は、『法華経』の本門「如来寿量品」第十六の根底にあって、その教相のあり方を規定しつつも、教相をたどるのみでは決して把握し得ない超越的領分、いわば観心の領分に属するものとして捉え直されたのである。……だが、こうした「発見」によって、日蓮はさらなる課題に出会うことになる。本来、それ自体としては言葉を超えた領域である一念三千を、どのように言語化・理論化していくのか、という課題である。

（「日蓮の題目論とその継承」『シリーズ日蓮2　日蓮の思想とその展開』春秋社）

とすれば、『観心本尊抄』は、「言葉を超えた領域である一念三千を、どのように言語化・理論化していくのか」という課題にこたえるため、執筆されたことになります。

具体的な実践法としての題目

そして、この課題は「言語化・理論化していく」だけでは済みません。なぜならば、『観心本尊抄』を執筆する動機が、第Ⅱ部解説の第一章でふれたとおり、日蓮は理論に終始していて、実践法がない、という批判にこたえるためだったからです。したがって、具体的な実践法を提示する必要があります。

この課題についても、間宮啓壬氏の解説が参考になります。なお、一部に理解が難しい表現があるので、失礼を承知の上で、言い換えています。

一念三千それ自体は、仏のみが把握でき、人智ではとても把握できない領分であり、本来的には過去の体験や常識的な思考にもとづく把握を超えたものである。とはいえ、私たちはそうした仏のみが把握でき、人智ではとても把握できない領分を、我がものとする道を、まったく断たれているわけではない。日蓮によれば、そうした仏のみが把握でき、人智ではとても把握できない領分が、文字を媒介とするいわば象徴の形で仏の側から私たちに示されているもの、それが「妙法蓮華経」の五字＝「題目」なのである。かかる題目を受持すること、つまり、

「南無妙法蓮華経」と「唱題」することにより、一念三千は、久遠の釈尊の「功徳」として私たちに「自然」に譲り与えられることになるという。かかる場面こそ、日蓮は、私たちが久遠の釈尊と功徳において同等となること、すなわち「即身成仏」をみるのである。

もっとも、これは、佐渡流罪の最中、『開目抄』から『観心本尊抄』に至る思索においてはじめて達成された、題目および題目に関する独創的な理論、いわば日蓮に独創的な題目論である。（同上）

歴史的な事実として、佐渡へ流罪になる前から、題目は『法華経』ひいては全仏教の中心に据えられ、唱題は救済に不可欠な実践法として、位置づけられていました。しかし、題目が一念三千といかに結びついているのか、あるいは唱題はなにゆえに救済に不可欠なのか、という最重要の課題については、解決されないままでした。そして、これらの課題は、『開目抄』をへて『観心本尊抄』に至り、解決されることになったのです。

第一段　なぜ題目を唱えるのか

第一章　一念三千こそ天台大師智顗が見出した究極の教え

一念三千は、天台大師智顗だけが見出した究極の教えであり、しかも『摩訶止観』第五巻に初めて説かれた事実が、八つの問答をとおして、指摘されます。

【一】第一から第八までの質問とその回答

八つの問答をとおして、一念三千という名称の出所が問われています。そして、中国天台宗第六祖の妙楽大師湛然が、『摩訶止観』に註釈した『摩訶止観輔行伝弘決《ぶぎょうでんぐけつ》』という著作の記述を根拠に、一念三千は、天台大師智顗が『摩訶止観』第五巻に初めて明かした最高真理であることを論証しています。

なお、第六番の疑念にだけは答えていません。その理由は、一念三千は観心の領域にかかわるにもかかわらず、この疑念にまつわり引用されている『法華玄義《げんぎ》』・『法華文句《もんぐ》』・『観音玄義』は観心とは関係がないので、あえて答える必要がないからと思われます。むしろ、次に位置する七番目や八番目の問答をみちびきだす、いわば伏線として、用意されたのかもしれません。

さまざまな著作を一つ一つあげて、その是非を問う論法は、現代人の感覚ではいかにも面倒です。しかし、次から次へと有名な著作を列挙しては「これにもない、あれにもない」と、まるで虱潰《しらみつぶ》しかモグラ叩きのように否定し続ける論法は、その逆に次から次へと有名な著作を列挙しては「これにもある、あれにもある」と、まるで賛成意見を延々と連ね続ける論法とともに、日蓮に限らず、近代以前の宗教界ではよく使われていました。前者は独自性や秘匿性を強調するのに役立ち、後者は権威を借りて、敵対する者を論破するのに役立ったからです。

そもそも、近代以前の仏教界における論証は、絶対的な権威をもつとされる聖典、あるいは著名な人物の著作から、自分に有利な文言を見出してきて並べてみせ、相手を圧倒するのが通例でした。推論をまったく使わないわけではありませんが、論理学が未熟だったこともあって、あまり有効とはみなされませんでした。

ちなみに、古代文明で論理学を発明したのは、インドとギリシアだけでした。このうち、ギリシアの論理学は明晰《めいせき》なので、現在でも通用します。ところが、インドの論理学は複雑で、使い勝手がとても悪かったのです。

インド仏教にも論理学が導入され、インド人の学僧たちはそれなりに使いこなしていましたが、中国をはじめ、漢字文化圏では、インド由来の論理学を正確に理解し、利用できた例はなかったようです。たとえば、玄奘《げんじょう》三蔵（六〇二～六六四）のように、インド最高の学府だったナーランダ僧院で長年にわたり本格的に学んだ最優秀の人物でも、論理学は正しく修得できていなかったことがわかっています。日本では、平安初期に天台宗の安然《あんねん》（八四一～八八九以降）が、中国で漢訳された仏教論理学を駆使して各種の論争に挑みましたが、「論理的な厳密さを持っているとはいい難い」（末木文美士『草木成仏の思想』サンガ）のが実状でした。

このような事情もあって、絶対的な権威をもつとされる聖典、あるいは著名な人物の著作から、自分に有利な文言を見出してきて並べてみせるのが、論証の主流となっていたのです。

中国天台宗

これから、中国天台宗を代表する人物の名が登場してきますので、その歴史を簡潔にたどっておきましょう。

初祖は、南北朝時代に中国の北東部を支配した北斉《ほくせい》（五五〇～五七七）の慧文《えもん》（生没年不詳）とされます。慧門は、そのころはインド中観派の祖となった龍樹（ナーガールジュナ）の真作と信じられていた鳩摩羅什《くまらじゅう》訳の『大智度論《だいちどろん》』を読み、「一心三観」あるいは「三諦円融《さんたいえんゆう》」という発想を得たと伝えられます。この場合の「心」は、わたしたちが体験しつつある瞬間瞬間のありかた、もっとはっきりいえば、生のありかたを意味しています。したがって、「一心三観」とは、「空」・「仮」・「中」という三つの要素、つまり空性《くうしょう》（万物の形態や働きを出現させる根元＝真理）と仮説《けせつ》（凡夫の発する言葉や見た世界＝現象）と中道《ちゅうどう》（空性と仮説の調和）が一つに融合して、わたしたちの生を構成しているという意味になります。この発想は龍樹の意図とは大きく異なりますが、やがて智顗に受け継がれ、中国仏教を代表する教学の一つになりました。

第二祖は南嶽慧思《えし》（五一五～五七七）です。慧思は北斉の仏教界から厳しい弾圧を受けたため、活動の拠点を、長江（揚子江）の下流域を支配する南朝最後の王朝となった陳（五五七～五八九）に移しました。

慧思の弟子が天台大師智顗（五三八〜五九七）です。智顗は隋の第二代皇帝となった煬帝《ようだい》の帰依を受け、天台山国清寺《こくせいじ》と当陽玉泉寺《とうようぎょくせんじ》を建立しています。そして、『法華経』をありとあらゆる経典に頂点に位置付け、『法華玄義』『法華文句』『摩訶止観』の三大部を講述するなど、教理教学の領域において、天台宗を確立したのです。

これら智顗の講述を記録し編集したのが、第四祖の章安大師灌頂（五六一〜六三二）です。灌頂の弟子が智威《ちい》（?〜六八〇）、智威の弟子が慧威《えい》（六三四〜七一三）、慧威の弟子が左渓玄朗《さけいげんろう》（六七二〜七五三）です。灌頂以後の天台宗は、後発の法相宗や華厳宗に圧倒されて弱体化したため、玄朗が第五祖に擬せられています。玄朗自身の功績はさしてありませんが、弟子に三大部をはじめとした多数の天台典籍に関する論書をのこして、天台宗の中興の祖となった第六祖の妙楽大師湛然《たんねん》（七一一〜七八二）が出たので、ひるがえって第五祖に擬せられたようです。

湛然の弟子に、第七祖に擬せられることもある道邃《どうすい》（生没年不詳）ならびに行満《ぎょうまん》が出ています。天台宗を学ぶため、唐に留学した最澄は、行満から経典八十二巻と印信《いんしん》（法の後継者として、弟子にあたえる書状）を授かり、道邃には写経の手筈を整えてもらったり菩薩戒《ぼさつかい》を受けたりしています。

こうして、日本に天台教学が伝えられたのです。

【二】天台大師智顗の偉大な足跡

この節で主題となっている「五時八教」や「百界千如」については、現代語訳の部分でかなり詳しく説明していますので、さらに説明する必要はないと思います。その代わりに、天台大師智顗によって構築された中国天台宗を総括しておくほうが、これからの展開を考えるうえで意味があります。

中国天台宗は、大きく分けると、教相と観心の二つの部門から構成されています。教相の部門は、『法華玄義』『法華文句』が『法華経』の大義を説いて、「五時八教」の教判を主張します。観心の部門は、『摩訶止観』が瞑想の実践によって仏教の真理を体得することを主張します。

教判も観心も、その根底にあるのは「諸法実相」、つまり「この世のすべてのもの（存在）は実在し、しかも真実の顕現である」という思想です。

用語としての「諸法実相」の出所は、『法華経』「方便品」です。たしかに「仏所成就第一希有難解之法。唯仏与仏乃能究尽諸法実相（仏が成就された内容は、希有であって、仏以外には理解しがたい真理だからである。仏だけしか、諸法実相を極め尽くせないのである）」と説かれています。

話がややこしくなって申しわけありませんが、「諸法実相」の原語はサンスクリット（梵語）の「サルヴァ（すべての）・ダルマ（存在）のスヴァバーヴァ（自性）」です。そして、インド仏教では、とりわけ『法華経』が編纂された紀元後一～二世紀の段階のインド仏教では、「すべての存在の自性」は「空《くう》」である、すなわち「この世のすべてのもの（存在）は空である。すなわち実在していない」と理解するのが正しいとみなされていました。したがって、さきほど引用した『法華経』

「方便品」の文言は、仏だけが「空＝この世のすべてのもの（存在）は実在していない」という真理を悟ったと解釈されたはずです。

ところが、中国天台宗では、解釈がほとんど百八十度ひっくり返ってしまいます。仏だけが「この世のすべてのもの（存在）は実在し、しかも真実の顕現である」という真理を悟ったと解釈されたからです。要するに、今わたしたちがいる世界は確かに実在するというのです。

ここで、インド仏教の解釈と中国天台宗の解釈の、いずれが正しいかを論じても、雲をつかむような抽象的な論議になるだけです。それよりも、この世界は確かに実在するとみなす中国天台宗の思想から、「一心三観／三諦円融」も「十界互具《じっかいごぐ》」も一念三千も生み出されてきた事実を認識するほうがはるかに重要です。

日本天台宗は中国天台宗の忠実な後継者ですから、最澄をはじめ、歴代の学僧たちも、この世界は確かに実在するとみなしていました。もちろん、日蓮もまた、その例に漏れません。

実践法は天台大師智顗も未提示

この節を終えるにあたり、是非とも指摘しておきたい事実があります。この事実の指摘は、『観心本尊抄』を読み解くうえでは、以上の哲学論議よりも、もっとずっと大切かもしれません。

実は、天台大師智顗は、救済につながる具体的な、しかも特別な資質や環境に恵まれていない者でも実践できる方法を提示していないのです。彼が提示した観心は、特別な資質をもつ人物が出家し、長い期間にわたり、厳格な訓練を体験して、ようやく実現できるかどうか、くらいの難行でした。要するに、救済につながる具体的な、しかも特別な資質や環境に恵まれていない者でも実践できる方法は、日蓮がもっとも高く評価する天台大師智顗ですら、提示していなかったのです。

すでに述べたとおり、日蓮は、弟子や檀越たちから、あなたは理論に終始していて、実践法がないと批判されていました。しかも、その批判の中には、「わたしは天台宗の理具の法門、つまり自身の心を観想して、凡夫の迷いの一念に全世界が具備されていると見抜く実践法を知っている」という意見もありました。

となれば、日蓮としては、救済につながる具体的な、しかも特別な資質や環境に恵まれていない者でも実践できる観心の法を、是が非でも見出し、弘めなければなりません。これはまさに難題です。

第二章　百界千如と一念三千は、どこが、どう異なるのか

【一】第九ならびに第十の質問とその回答

第九の問答では、百界千如と一念三千の違いは何か、という質問に、回答がしめされます。

まず、一念、つまりわたしたちの瞬間瞬間の心に百界千如が具備されているとは、有情《うじょう》、すなわち心をもつ存在の世界を具備しているという意味になります。同じく、一念に三千世界が具備されているとは、有情に限らず、非情、つまり心をもたない存在、具体的には植物なども具備されてい

るという意味になります。

第十の問答では、非情の成仏は信じがたい、という質問に、回答がしめされます。質問では、天台大師智顗の見解には、経典の解釈や教理にもとづく認識の方法（教門）においても、またみずからの心を観察することで真理を体得する方法（観門）においても、とても信じにくく、とても理解しにくいと批判されています。

経典の解釈や教理にもとづく認識の方法において、とても信じにくく、とても理解しにくいのは、『法華経』以前の経典では、二乗（声聞と縁覚）の成仏も一闡提《いっせんだい》（仏法を誹謗し、成仏の条件をまったくもっていない者）の成仏も否定され、釈迦牟尼仏が久遠実成《くおんじつじょう》とは説かれていないのに、『法華経』では、二乗の成仏、一闡提の成仏、釈迦牟尼仏が久遠実成であると説かれているという見解です。

みずからの心を観察することで真理を体得する方法において、とても信じにくく、とても理解しにくいのは、非情の成仏という見解です。この批判に対しては、木製の彫像や紙製の画像を、仏教はもとより、仏教以外の宗教でも、本尊として仰ぐ理由は、その原料となった木や草が、物質的要素だけではなく、精神的な要素から構成される十如是を具備し、さらに成仏の因果も含まれているからであり、この考え方は天台宗の教義から出ている、と答えています。この応答は、現代人にはいささか珍妙に感じられますが、中世を生きた人々には説得力があったのでしょう。

【二】第十一の質問とその回答

草や木にも、ひいては国土にも、物質的な要素と精神的な要素から構成される十のありのままの真実がそなえられているということは、いったいどこに説かれているのか、という質問に、回答がしめされます。

天台大師智顗の『摩訶止観』、妙楽大師湛然の『法華玄義釈籤《しゃくせん》』、そして同じく湛然の著作で中国天台宗においてもっとも詳細に非情成仏を論じた『金剛錍論《こんごうべいろん》（金錍論）』を引用して、草木の成仏を論証します。その要旨は、一念三千が、有情の世界にとどまらず、非情の世界にもおよんでいるゆえに、草木も成仏するという論理です。

ちなみに、インド仏教では、成仏できるのは有情に限られ、非情である草木の成仏という思想はありませんでした。この思想は中国仏教で誕生し、日本仏教で大きく発展したようです。

日本仏教で最初に「草木成仏」を主張したのは、空海（七七四～八三五）です。著書の『吽字義《うんじぎ》』において、「草木また成ず。いかにいわんや有情をや（草木も成仏するのだから、人間が成仏しないはずがない）」と主張しています。日本天台宗では、平安初期に活動した安然（八四一～八八九以降）が、『摩訶止観』と『金剛錍論』のほか、湛然の『摩訶止観輔行伝弘決』を引用して、草木の成仏を肯定しています。さらに、著書の『斟定草木成仏私記《しんじょうそうもくじょうぶつしき》』では、「草木が、みずから悟りを求める心を起こし、修行し、成仏するか否か」を、インド論理学の推論式を論証に利用して証明しようとしています。

第三章 『法華経』がしめす十界互具

【一】観心とは何か

第十二の問答では、観心とは何か、という質問に、回答がしめされます。

一念三千が、『摩訶止観』第五巻において、初めて明らかにされたことは、これまでの問答で納得できたというので、今度は一念三千の観心の定義や内容が問題にされます。

観心という言葉は、本来であれば、読んで字のごとく、みずからの心を観察することであり、いわゆる瞑想法もしくは観法のことです。ただし、一念三千の観心になると、課題ははるかに難しくなります。なぜならば、みずからの心に、地獄界から仏界までの十の世界をありのままに観察し、この観察にもとづいて、悟りをきわめるための修行に精進しなければならないからです。

ここで、他人の六根《ろっこん》（六つの感覚器官）は認識できても、自身の六根は認識しがたいという事実が強調されている理由は、自身の六根を認識するためには、自身をありのままに映し出してくれる鏡が必要であり、その鏡にあたるのが『法華経』であり『摩訶止観』であるという論理につなげるためです。要するに、『法華経』や『摩訶止観』に依らなければ、自身の心に十界が具備されていることはわからず、ひいては自身の一念に三千の世界が具備されていることは、絶対にわからないということです。

ちなみに、初祖の慧文《えもん》によって創始され、天台大師智顗によって確立された天台宗の観心は、一心三観の観法を実践して、空性（万物の形態や働きを出現させる根元＝真理）と仮説（凡夫の発する言葉や見た世界＝現象）と中道（空性と仮説の調和）が一つに融合して、わたしたちの生を構成しているという真理を体得することでした。それに対し、日蓮の場合は、本門の本尊をかたく信じ、妙法五字である「南無妙法蓮華経」を受持する、より具体的には、「南無妙法蓮華経」と唱題することこそ、観心にほかならないと独創したのです。これはまさに結論ですので、ここで言及するのはあまりに早すぎますが、同じ観心という言葉を用いていても、中国天台宗と日蓮とでは違いが大きいと理解していただきたいと思い、あえて言及しました。

【二】十界互具は『法華経』にはどのように説かれているのか

第十三の問答では、観心の根本となる十界互具は、『法華経』のどこに説かれているのか、また天台大師智顗はどう註釈しているのか、という質問に、回答がしめされます。

十界互具は、『法華経』のどこに説かれているのか、という質問に対しては、「方便品《ほうべん》」と「如来《にょらい》寿量品《じゅりょう》」の経文があげられます。「方便品」の経文からは、地獄界から菩薩界までの九界に、仏界が具備されていること（九界所具仏界）が証明されます。「如来寿量品」の経文からは、仏界に地獄界から菩薩界までの九界が具備されていること（仏界所具九界）が証明されます。これら二品からの証明は、日蓮宗の伝統的な教学では「総証」と呼ばれます。

次いで、「提婆達多品《だいばだった》」の経文から、地獄界にも仏界が具備されていることが証明されます。「陀《だ》羅尼品《らに》」の経文から、餓鬼界にも十界が具備されていることが証明されます。「提婆達多品」の経文から、畜生界にも十界が具備されていることが証明されます。「序品」と「法師品《ほっし》」の経文から、修羅界にも十界が具備されていることが証明されます。「方便品」の経文から、人界にも十界が具備されていることが証明されます。「序品」と「譬喩品《ひゆ》」の経文から、天界にも十界が具備されていることが証明されます。「譬喩品」の経文から、声聞界にも十界が具備されていることが証明されます。「方便品」「譬喩品」の経文から、縁覚界にも十界が具備されていることが証明されます。「如来神力品《にょらいじんりき》」「譬喩品」の経文から、仏界にも十界が具備されていることが証明されます。以上の証明は、日蓮宗の伝統的な教学では「別証」と呼ばれます。

なお、天台大師智顗はどう註釈しているのか、という質問には、回答がしめされていません。

【三】十界互具が信じられない

第十四の問答では、『法華経』の経文からの証明できると言われても、現実の世界を見ると、十界互具が具備されているとは信じがたい、という質問に、回答がしめされます。

質問者は、自身にも他者にも六根が具備されていることはなんとか納得できても、自身の心にも他者の心にも、十界が具備されているとはとても信じがたく理解しがたい、と詰め寄ります。それに対し、日蓮は、信じがたく理解しがたいのは無理もない、と認めます。そして、『法華経』から「法師品」「見宝塔品《けんほうとう》」の経文を引用して、『法華経』を説いた釈迦牟尼仏もそれを認めていた、と述べます。

さらに、天台大師智顗もまた、『法華経』の迹門も本門も、『法華経』以前の教えとは正反対なので、信じがたく理解しがたい、と述べていることを指摘します。章安大師灌頂や伝教大師最澄も、『法華経』は釈迦牟尼仏が本意をそのまま説いているので、信じがたく理解しがたい、と述べていることも指摘します。

また、釈迦牟尼仏が在世されていたときですら、説法を聞いた者たちすべてが信じ理解できたわけではなかったのだから、正法時代も像法時代もすでに終わり、末法時代の初めにいるわたしたちが、信じがたく理解しがたいのも、無理はないと結論付けています。

難信難解の別の理由

なお、『法華経』が信じがたく理解しがたいとされた理由については、以下のことも考えておくべきです。

じつは『法華経』に限らず、初期段階の大乗仏教は「教団（sect）」を組織するにいたらず、「学派（school）」として、部派仏教の各教団のなかにあったのではないか、という説がかなり有力になっています。

この領域の研究に画期的な業績をあげたと評価されているグレゴリー・ショペン氏は、「大乗は、インドにおいては、五世紀以後まで、制度的にも文化的にも美術史的にも、まことに取るに足らぬ存在」であり、「四世紀まで、大乗経典は制作されても、大乗教団は存在しなかった」。また、大乗の教団は「辺境の、文化的にも周辺の地域」に、それも「停滞した地域であり、絶望的なほど田舎に出現した」と主張しています。現在の地名でいえば、インド東部のベンガル州やオリッサ州、および北西インドのグジャラート州などです。

さらに、『中論』を執筆して大乗仏教の基礎理念をきずきあげた龍樹の著作として知られる「『ラトナーヴァリー（宝行王正論）』の中に現れる大乗は、どう考えても、嘲笑、あざけり、侮蔑の対象となっているように思われます。……〔『法華経』が編纂された〕紀元二、三世紀の頃でさえ、なおも世間に認められようと悪戦苦闘している戦闘的な活動であったように見受けられます」（小谷信千代訳『大乗仏教興起時代　インドの僧院生活』春秋社）とも述べています。

「難信難解《なんしんなんげ》」という表現は、『法華経』のそこここに見られます。そして、「嘲笑、あざけり、侮蔑の対象となっている」といえば、『法華経』の「常不軽菩薩《じょうふきょうぼさつ》品」が思い浮かびます。

では、なぜ、『法華経』は「難信難解」なのか。その理由は、『法華経』が説く「釈迦牟尼仏の本意」は、『法華経』が編纂されたころのインド仏教界では、仏説としてはあまりに荒唐無稽で、「常不軽菩薩品」にあらわなとおり、「嘲笑、あざけり、侮蔑の対象」とみなされていたからです。「嘲笑、あざけり、侮蔑の対象」を信じ理解しようとする者はいません。

「嘲笑、あざけり、侮蔑の対象」となっていた教えを具体的にあげるならば、その筆頭は万人成仏だったはずです。なぜならば、『法華経』以前に成立した経典はもとより『法華経』以後に成立した経典でも、万人成仏を説く例はないからです。この点は、『法華経』の影響が絶大で、万人成仏が常識となっている日本の仏教界ではほとんど意識されていませんが、とても重要な事実です。もちろん、久遠実成も「嘲笑、あざけり、侮蔑の対象」となっていたはずです。

【四】人界に十界が具備されている証拠はあるのか

第十五の問答は、かなり厄介《やっかい》です。わたしたち凡夫の心にも、仏界をはじめ、十界が具備されているのは信じがたく理解しがたいことについて、説明が求められています。質問者から、この課題は、『法華経』の経文にそう説かれているうえに、天台大師智顗や章安大師灌頂による註釈からもそれは裏付けられているようだが、使われている理屈は、いわば木に竹を継いだような感じで、説得力に欠けていると批判されています。さらに、自身の顔や他人の顔をしげしげと見ても、目に映るのは人間界だけで、他の世界はまったく見えないとも批判されます。

この批判に対する回答は、こうです。他人の顔をよくよく観察すれば、喜怒哀楽など、さまざまな表情があり、それらの表情一つ一つから、地獄界から天界までの六つの世界を知ることができる。その上に位置する声聞界・縁覚界・菩薩界・仏界は、表情として知ることはできないが、さらに詳しく探求していけば、必ず存在することがわかる……というのですが、正直言って、こじつけに近く、明解な回答になっているとは思えません。

第十六の問答では、六道が自身の心に具備されていることについては、これまでの話からなんとか理解できそうだが、声聞界・縁覚界・菩薩界・仏界から構成される四つの聖なる世界（四聖）が自身の心に具備されていることについては、どう観察してもどう考えても、理解できないので、この疑問に答えてほしいと求められます。

日蓮は、あなたは六道が自身の心に具備されていることを理解できたのだから、四聖が自身の心に具備されていることも理解できるはずだ、と述べます。しかし、これでは回答になっていない、と日蓮も考えたのでしょう。道理の面から、説明を試みています。

まず、現世が無常であることは、厳然たる事実として、誰でも知っている、と指摘します。特に記してはいませんが、この『観心本尊抄』を読むほどの者であれば、声聞と縁覚にとっての課題が無常の観察にあることはすでに認知しているだろう、という暗黙の前提にもとづき、無常観をいわば媒介として、誰の心にも声聞界と縁覚界が具備されている証拠とします。

次いで、手に負えない悪人でも、妻子を慈しむ心はもっている、という事実を指摘します。そして、菩薩の本質は慈悲にあると述べ、今度は慈悲をいわば媒介として、誰の心にも菩薩界が、たとえ僅かであろうとも、具備されている証拠とします。

ただし、仏界が誰の心にも具備されている証拠は見出しがたい、と日蓮も認めています。そこで、人界に、仏界以外の九界が具備されているのだから、仏界も具備されているはずだと推察すべきであり、この推察にもとづいて、人界に仏界が具備されていることを固く信じ、疑ってはならない、と述べます。

さらに、その傍証として、『法華経』の「方便品」と『涅槃経《ねはんぎょう》』の「如来性品」に説かれている経文を指摘します。釈迦牟尼仏が、『法華経』の「方便品」において、「ひたすら如来の知見を、この世の生きとし生けるものすべてに、教えさとそうとなさるのです」とお説きになったのは、人界に仏界が具備されている証拠になる。同じく、『涅槃経』の「如来性品」において、「大乗仏教を学ぶ者は、凡夫の肉眼であっても、その肉眼で仏教の真理を見るのだから、仏眼をもっているとみなしていい」とお説きになったのも、人界に仏界が具備されている証拠になる、というわけです。

要するに、これらの経文から、末法時代に凡夫として生まれ合わせ、『法華経』を信じるのは、そもそも人界に仏界が具備されているからなのだ、と日蓮は結論付けます。

【五】 人界に仏界が具備されている具体的な事例

第十七の問答では、質問者が悲鳴をあげています。以上の説明で、釈迦牟尼仏が十界互具を説いておられることは明らかでも、自分たちのような凡夫の心にも仏界が具備されているとは、とうてい信じがたい。しかし、自分たちのような凡夫の心にも仏界が具備されていると信じられなければ、仏教の真理を信じる心を失ってしまい、絶対に成仏できない最悪の大罪人（一闡提）となり、最悪の地獄に堕ちてしまうというではないか。それは困ります。なんとか、信じさせてください、と歎願しています。

この質問に対する回答は、やや突き放したような感じがします。釈迦牟尼仏自身が『法華経』の「方便品」に、「唯一大事の因縁」、つまり仏がこの世に出現した理由（出世の本懐）は、生きとし生けるものすべてに如来の智慧をひろめ、悟らせ、成仏させることにほかならないと説いておられる経文を見聞していながら、あなたはそれを信じられないという。そうであれば、釈迦牟尼仏の入滅後にあらわれた、釈迦牟尼仏にとは比べようもないくらい劣った者たちが、あなたを不信から救うことなどできるはずがないというのです。

もっとも、このままではあまりに哀れというので、凡夫が仏の教化を受けて悟りを開くにあたっては二つの可能性がある、と示唆されます。一つは、仏にじかにお会いする機会を得て、教化を受け、さらに『法華経』に出会って、悟りを開く可能性です。もう一つは、仏にじかにお会いする機会はないけれども、『法華経』に出会って、悟りを開く可能性です。さらに、『法華経』以外の教えによって、悟りを開く可能性についても論じられます。

また、たとえ『法華経』の教えに出会っても、過去世において、釈迦牟尼仏から『法華経』という仏の種を授からなかった者、大通智勝如来から結縁を授からなかった者、『法華経』が説かれる前に準備的な意味で仮に方便として説かれた大乗経典や小乗仏教の経典に執着している者に、悟りを開く可能性はないと断じられます。

このあとに展開される論法は、わたしたち現代人からすると、違和感がありすぎます。人界に仏界が具備されているという教えを、石の中に潜在する火や樹木の中に潜在する花にたとえるのは、現実に火打石が存在し、樹木は季節が来れば花を開かせるので、まだ多少なりとも説得力がありま す。しかし、水の中に潜在する火や火の中に潜在する水にたとえたうえで、龍は水の中で火を吐き出すとか火の中から水を吐き出すから、このたとえは有効であり、人界に仏界が具備されている証拠になると主張されても、返す言葉が見つかりません。とはいえ、日蓮が生きていた中世という時代では、怨霊が跳梁跋扈したことからわかるとおり、事実と空想の境界が曖昧でしたから、それなりの説得力があったようです。

それに比べ、この節の最後では、一転して、中国古代の聖人たちの故事、『法華経』から「常不軽菩薩品」の引用、釈迦牟尼仏の誕生から出家、さらに成道に至る生涯が語られています。こちらのほうは、かなり説得力が感じられます。

第四章 「南無妙法蓮華経」という妙法五字を受持する意義

【一】凡夫の心に仏の心や身体が具備されているとは、どうしても信じられない

第十八の問答では、正確には質問では、人界に仏界が具備されていると信じられない理由が、七箇条のかたちで厳しく指摘されています。そのため、非常に長大な質問の羅列に終始し、この節では回答は提示されていません。

また、特に留意すべきことがあります。質問に入る前に、日蓮自身による割書きとして、「ここからは門外不出として、絶対に口外してはなりません」と述べられているのです。わざわざこう割書きされたわけは、ここから先には日蓮独自の思想、伝統的に「事具の一念三千」と呼ばれてきた思想が展開されるからです。

この思想は、あまりに独創的なので、信仰心をもたない者やもっているとしても中途半端な者では決して理解できない。それどころか、誤解の果てに弾圧の口実につかわれ、日蓮自身はともかく、弟子や檀越たちまで、今以上に酷い目にあってはならない、と日蓮は危惧したのでしょう。そこで、堅固な信仰心をもつ者以外には絶対に教えてはならない、と警告したと思われます。

上記の七箇条を要約すると、こうなります。

㈠『法華経』以前のもろもろの経典に説かれているような、あるいは『法華経』の迹門に説かれているような、悟りを開いた後（果位）の仏が具備する膨大無辺の徳が、わたしたち凡夫独り独りの心に具備されていると言われても、とうてい信じられない。

㈡『法華経』の本門に説かれているような、仏界における広大無辺な経緯と功徳が、わたしたち凡夫独り独りの心に具備されていると言われても、とうてい信じられない。有名な菩薩たちが登場する迹門のほうが、まったく無名の地涌《じゆ》の菩薩しか登場しない本門よりも、はるかに真実なのではないか。

㈢ありとあらゆる世界が、わたしたち凡夫の一念に具備されているという十界の中に含まれているのだから、わたしたち凡夫独り独りの心に、三千世界が具備されていると言われても、まったく信じられない。たとえ、仏の説いた教えだから信じなさいと言われても、まったく信じられない。

㈣以上のように考察すると、『法華経』が説かれる前に説かれた経典のほうが、真実であり、ほんとうのことを語っているとしか思えない。

㈤『法華経』のどの経文にも、十界互具や百界千如や一念三千が、誰でもわかるように説かれていない。

㈥インドの学僧たちも、中国の学僧たちも、日本の学僧たちも、十界互具は説いていない。

㈦十界互具の教義は、天台大師智顗たった独りが主張しただけの、誤った見解である。伝教大師最澄たった独りが主張しただけの、誤った見解である。

以上の総合すると、十界互具ならびに一念三千は、その名称も教義も、どこにも見当たらないことがわかる。したがって、信じることはできない、という結論が導き出されています。

【三】凡夫の心に一念三千が具備されていることを知る三人の師

第十八の質問が難問中の難問であることは、日蓮も認めています。そして、これらの難問を突破しなければ、日蓮がめざす道は閉ざされてしまうと覚悟していたはずです。

日蓮にすれば、これらの難問を突破する秘訣は、やはり『法華経』でした。『法華経』とそれ以外の経典の相違は、経文を検討すれば、おのずから明らかになる、と述べたうえで、いわゆる二項対立の論法を駆使して、自身の主張が正しいことを証明しようとしています。

ちなみに、二項対立の論法は、日蓮が最大の仏敵とみなして徹底的に批判した法然《ほうねん》が得意にしていました。法然は主著とされる『選択本願念仏集《せんちゃくほんがんねんぶつしゅう》』で、この論法を最大限にもちいて、末法時代における念仏の意義を論証しようと試みています。

①『法華経』以外の経典は仮の教えを説く方便経：『法華経』は真実をあらわしたと証明された実経（未顕：已顕）。

②『法華経』以外の経典は諸仏が口から言葉を発して称賛しただけ：『法華経』は、多宝如来や釈迦牟尼仏の分身が証明した真実の教え（舌相：証明）

③『法華経』以外の経典は声聞乗と縁覚乗の二乗は不成仏：『法華経』は声聞乗と縁覚乗の二乗も成仏を保証（二乗の不：二乗の成）

④『法華経』以外の経典は教主の釈迦牟尼仏は始成正覚と説く：『法華経』は久遠実成と説く（始成：久成）

こうして日蓮は、『法華経』と『法華経』以外の経典との相違をあげ、『法華経』の『法華経』以外の経典に対する優位は明らかである、と結論します。

龍樹や天親など、インドの学僧たちが一念三千の法門を説いていないではないか、という批判については、天台大師智顗の『摩訶止観』などを引用して、内心では『法華経』の真意を理解していたものの、かれらが生きていた時代では、とうてい理解してもらえないと思って、外に向かって広めようとはしなかった、と答えています。このように、最高の真理は、それを受け入れる時代でなければ、説くことはできないという認識は、『観心本尊抄』ではこの後も繰り返し指摘されることになります。

また、中国の学僧たちの場合、天台大師智顗より前に登場した者たちも後に登場した者たちも、一念三千の法門を正しく把握できた例は少なかった、と述べています。

『法華経』の「方便品」に説かれている「如来はありとあらゆる悪を断っています」という経文は、十界互具と矛盾するのではないか、という疑問に対しては、この経文の意図は、後天的な縁によって生じる悪である修悪《しゅあく》は断てても、生きとし生けるものすべてに先天的にそなわっている悪である性悪《しょうあく》は断てないということを述べているという解釈を述べて、反論しています。

『法華経』の経文にまつわる問答

『法華経』のどの経文にも、十界互具や百界千如や一念三千が、誰でもわかるように説かれていないという批判に対しては、「方便品」の「生きとし生けるものに、仏の知見を開かせたいと思う」という経文をあげて、『法華経』は明らかに十界互具を説いている、と反論しています。

とはいっても、万人を納得させる解説が難しいのは、教主の釈迦牟尼仏以来、大きな課題であることを、日蓮も認めています。この点について、「見宝塔品」に説かれる「六難九易《ろくなんくい》」が指摘されます。「六難九易」は、現代語訳の本文で詳しく説明しましたから、ここでは論じません。

次いで、『法華経』の迹門も本門も、『法華経』以前に説かれたもろもろの経典とその内容がいちじるしく異なっていて、とうてい理解できないと批判されている点については、こう述べています。章安師灌頂や伝教大師最澄などの著作から、「釈迦牟尼仏はご自身がこの世に出現された根源的な目的について、『法華経』を説くためとおっしゃっている」とか「釈迦牟尼仏がご自分の心を、ありのままにお説きなっているから」という文言を引用して、それほどの大事なのだから、わたしたちのような凡夫に簡単に理解できるはずがない、というわけです。もっとも、これが反論になっているか否か、と問われると、いささかならず答えに窮します。

最後に、日蓮は、釈迦牟尼仏が入滅されてから千八百年あまり後の今日に至るまで、『法華経』という正法を、その真意のとおりに理解してきたのは、インドの釈迦牟尼仏、中国の天台大師智顗、日本の伝教大師最澄の、たった三人だけだった、と主張します。つまり、尊敬にあたいする聖人はこの三人だけということです。

第十九の問答では、『法華経』という正法を、その真意のとおりに理解してきたのは、インドの釈迦牟尼仏、中国の天台大師智顗、日本の伝教大師最澄の、たった三人だけだったとするならば、龍樹や天親など、インドの学僧たちはどのような方々だったのか、と質問されます。さきほど、龍樹や天親など、インドの学僧たちは、内心では『法華経』の真意を理解していたものの、かれらが生きていた時代では、とうてい理解してもらえないと思って、外に向かって広めようとはしなかった、と答えたことに関連する質問です。

ここで重要なのは、龍樹や天親など、インドの学僧たちは、『法華経』の迹門について述べたかもしれないが、本門については述べていない。とりわけ本門の根底に秘められている「観心」についてはまったく述べていない、と指摘したうえで、本門の根底に秘められている「観心」について、天台大師智顗と伝教大師最澄が果たした役割は絶大である、と日蓮が述べている点です。この記述は、後段への伏線になっています。

そのあとで、嘉祥大師吉蔵《きちぞう》、虎丘山《こきゅうざん》の笈師《ぎゅうし》と宗愛法師と道場観師、北地師と菩提流支《ぼだいるし》と仏陀三蔵と光統学士《こうずがくし》と某師二人と某禅師二人、賢首大師法蔵、玄奘三蔵、慈恩大師窺基、善無畏《ぜんむい》三蔵、金《こん》剛智《ごうち》三蔵、不空《ふくう》三蔵、道宣《どうせん》などの名をあげ、最終的にはみな天台宗に帰伏していたと日蓮は主張していますが、これは歴史的な事実とはいえません。

【三】一念三千の教えこそ、生きとし生けるものすべてを成仏に導く根本の真理

ここで、論述は再び、第十八の質問にもどります。もっとも、ただ単に、第十八の質問にもどったわけではありません。「凡心具釈尊（釈迦牟尼仏の悟りを開いて仏となる前（因位）に積んださまざまな修行が、わたしたち凡夫独り独りの心に具備されている）」と言われても、とうてい信じられませんという難問に対する回答のように見えますが、実は主題が本来の「凡心具釈尊」から「（一念三

千の）仏種」に移行しています。ここで、「（一念三千の）仏種」を論じるのは、次の第二十の問答で「受持譲与」を論じるために、あらかじめ準備しておく必要があるからです。

まず『法華経』の開経とされる『無量義経《むりょうぎきょう》』からは一箇所の経文が、『法華経』の結経とされる『普賢経《ふげんぎょう》』からは二箇所の経文が引用されます。引用の意図は「（一念三千の）仏種」の提示です。

ちなみに、「仏種」という表現の初出は、第十七の質問に対する回答のところで、「『如来寿量品』に説かれているとおり、三千塵点劫のさらに約千七百万倍もの膨大な時間（五百億塵点劫）をさかのぼる過去世において、釈迦牟尼仏から授かった『法華経』という仏の種が芽吹き、花開くこともよくあります」というかたちで登場しています。

『無量義経』からの引用は物語風の記述です。諸仏を国王に、『法華経』を国王の夫人に、二人の間に生まれた王子を菩薩におのおのたとえ、菩薩が『法華経』の教えを聞くことで、真理に近づき、諸仏や天部衆などに愛され護《まも》られる、と説いています。「仏種」という言葉は見当たりませんが、このようなたとえ話のかたちで「仏種」について述べているとされます。それに対し、『普賢経』からの引用は、「仏種」という言葉がありますから、「仏種」について述べているとすぐにわかります。

三身即一の仏身

次いで、『普賢経』からの引用のかたちで、こう主張しています。

①法身《ほっしん》・報身《ほうじん》・応身《おうじん》という仏の三種の身体をすべてそなえる仏は、『法華経』から出生する。

②『法華経』こそ、広大無辺の涅槃の海が実在することの証明である。

③広大無辺の涅槃の海から、法身と報身と応身をすべて兼ねそなえた仏の清浄な身体が生まれる。

④法身と報身と応身をすべて兼ねそなえた仏が、人々と神々に利益をもたらす福田《ふくでん》となる。

「法身・報身・応身という仏の三種の身体をすべてそなえる仏」という思想は、天台大師智顗が、『法華経』の「如来寿量品」に登場する仏身に対して「三身即一の仏身」と解釈したのが由来です。インド仏教には「三身即一の仏身」という思想はありませんでした。また、中国仏教でも『法華経』の如来は報身とみなすのが通説でしたから、「三身即一の仏身」は天台大師智顗の独創です。この思想は日本天台宗に継承され、日蓮もそれにならったのです。

たしかに、日蓮の『法華宗内証仏法血脈』には、「夫妙法蓮華経宗者、久遠実成、三身即一、釈迦大牟尼尊、常寂光土、霊山浄土、唯一教主之所立也（そもそも妙法蓮華経の宗旨は、久遠実成、三身即一、釈迦大牟尼尊、常寂光土、霊山浄土、唯一の教主の立てたところである）」と説かれています。つまり、久遠実成も三身即一も釈迦如来をあらわしているという見解が提示され、それこそが『法華経』の宗旨にほかならない、と位置づけられているのです。

この見解によれば、永遠不滅の真理を身体とする法身が、文字どおり永遠不滅なのはもちろん、報身も応身も永遠不滅ということになります。さらに、「寺院の本堂に本尊として安置される、礼拝対象の釈迦如来も三身一体の如来であり、かつその三身がすべて無始無終であり、もっとも優れたものであり、それは『法華経』のみの理解に基づくという」結論が導き出されてきます（簑輪顕量「中世における仏身論の展開」『仏教文化研究論集』二〇、四七頁）。この結論は、本節の末尾に述べられている「しかし、結局のところ、一念三千の教えこそ成仏の種子だと認識できないならば、心ある者は必ず成仏できるという教義も、木像や画像を本尊として崇《あが》めるという行為も、ただ名ばかりで、実にはならないのです」と響きあっています。

仏種＝一念三千の教え

たった今、引用した文は、別の点でも、きわめて重要です。その理由は、「一念三千の教えこそ成仏の種子」、すなわち仏種＝一念三千の教えと明かされているからです。

話が前後して恐縮ですが、仏種＝一念三千の教えと明かされる前段では、『法華経』以前に説かれた経典が、軒並み批判されています。批判は三点あります。

①釈迦牟尼仏の久遠にわたる修行と仏果が明らかにされていない点。

②生きとし生けるものが、生まれつき具備しているとされる三因仏性、すなわち正因仏性も了因仏性も縁因仏性も説かれていない点。

③したがって、何が成仏の種子というのか、定めようがない点。

さらに、法相宗の祖となった玄奘三蔵以降になると、『法華経』に一念三千の法門を見出したのは天台大師智顗だったことを忘れ去ったり、後発の華厳宗や真言宗を尊崇したり、いろいろ愚かしいことが多い、と日蓮が嘆いていますが、それは中国の仏教界において、天台宗が後発の宗派に圧倒され、振るわなくなってしまった歴史を反映しています。

【四】題目＝「妙法蓮華経」こそ、成仏への道

第二十の問答では、以下の三点が質問され、誰もが納得できる解釈が求められています。

①凡夫の心に仏の心や身体が具備されているのは本当なのか。

②凡夫の心に一念三千が具備されていることは、インドと中国と日本の三国において、三人の師しか認識していなかったのは本当なのか。

③一念三千の教えこそ、生きとし生けるものすべてを成仏に導く根本の真理は本当なのか。

三つの質問のうち、回答されているのは①と③で、②については少なくともここでは回答されていません。

①については、『無量義経』の「十功徳品」の経文を根拠として、六波羅蜜《ろくはらみつ》を一々修行しなくても、『法華経』を受持する者は、六波羅蜜の功徳をおのずから身につけられると述べています。では、なぜ、六波羅蜜を一々修行しなくても、『法華経』を受持する者は、六波羅蜜の功徳をおのずから身につけられるのか、という疑問については、『法華経』の「方便品」や『涅槃経』の「如来性品」の経文、あるいは龍樹作と伝えられる『大智度論』の文章、さらにはその註釈書の文言を引

用して、なんとか証明しようと試みています。

ただし、ここに使われている論法は、「妙法蓮華」のサンスクリット表記「サッダルマ・プンダリーカ」を漢字で音写した「薩（沙）達摩芬陀利迦」を分解し、冒頭の「薩（沙）＝サッ」という発音には「六」や「具足」という意味があるから、「六波羅蜜の功徳を具足する」と解釈できるというものです。現代人の感覚では牽強付会《けんきょうふかい》のたぐいで、かなり無理をしているとしか思えませんが、たしかに「サッ〔正確にはシャャット〕」という発音には「六」の意味があったりするので、サンスクリットに関する知識が未熟だった時代のことでもあり、それなりの説得力があったのかもしれません。

三十三字段・受持譲与段

③については、日蓮は自身の見解として、「この経文の心（真意）は、因行つまり釈迦牟尼仏が久遠の仏となるために実践された修行も、果徳つまり久遠の仏となられて以来ずっと釈迦牟尼仏が生きとし生けるものを教化されてきた功徳も、「妙法蓮華経」の五文字に具足されているということなのです。したがって、わたしたちがこの五文字を受持、すなわち眼で読み、声に出して唱え、心にかたく信じるならば、釈迦牟尼仏の因行と果徳を、いかなる障りもなく、わたしたちに譲り渡してくださる」という結論に導いていきます。

さらに、日蓮は、「わたしたち凡人ひとりひとりの心に宿っておられる釈迦牟尼仏は、五百億塵点劫という、ほとんど無限の過去において仏と成られたゆえに、始まりがない古い仏、すなわち「無始の古仏」と呼ばれる永遠不滅の存在であり、しかも法身と報身と応身という三身を一身に完璧に兼ねそなえる仏なのだ」と主張します。

また、「菩薩たちを指導する立場にある上行菩薩や無辺行菩薩や浄行菩薩や安立行菩薩などは、わたしたち凡人ひとりひとりの心に、釈迦牟尼仏の従者として宿っておられる菩薩たちなのです」とも主張します。

以上の問答は、末法時代における成仏の大道として、「妙法蓮華経」の五字の受持が明かされるというすこぶる重要な箇所です。この最高真理が、「釈尊因行果徳二法妙法蓮華経五字具足。我等受持此五字自然譲与彼因果功徳」の三十三字をもって語られるので、古来、「三十三字段」もしくは「受持譲与段」と呼ばれてきました。

なお、この節の末尾に位置する妙楽大師湛然の「わたしたちの心が存在する場である身体も、その身体が存在する場である国土も、わたしたち凡人ひとりひとりの心の一念に具備されている三千の法界そのものなのです。したがって、わたしたちが観心、すなわち自己の心の本性を正しく観察してあきらかにする修行を成就して仏と成るとき、身体も国土もわたしたち凡人ひとりひとりの心の一念に具備されている三千の法界そのものなのだという根本の真理と合致して、わたしたち自身の身体と心が真理の世界をあまねく満たしていると体得するのです」という文言は、「南無妙法蓮華経」という妙法五字の受持を説く「題目段」をむすび、本尊を論じる「本尊段」の起点となるので、「結前生後の文」と呼ばれてきました。

題目・唱題行の由来

「南無妙法蓮華経」という題目、あるいは題目を唱える行為（唱題）の由来については、「唱題行は、念仏と対決し開会によって念仏を法華信仰に摂取・開顕せしめることを標榜するがゆえに、念仏と類似の形式をもつ」（勝呂信静）という説があります。また、「法然の専修念仏を意識して、専修唱題の題目論を創造」（花野充道）という説もあります。いずれの説も、法然の専修念仏が強く意識されています。

その背景には、弘安元年（一二七八）九月六日、日蓮が身延から、駿河国岡宮に住んでいた妙法比丘尼に宛てて出した『妙法比丘尼御返事』に、「而に日蓮は日本国安房国と申国に生て候しが、民の家より出でて頭をそり袈裟をきたり。此度いかにもして仏種をもうへ、生死を離るる身とならんと思て候し程に、皆人の願せ給事なれば、阿弥陀仏をたのみ奉り、幼少より名号を唱候し程に」と、自分もまだ幼かったころ、念仏を唱えていた、と日蓮がみずから述懐している事実があるようです。

真言・題目・念仏

それに対し、近年、以下に引用するとおり、真言宗という宗派名の由来でもある「真言」の影響を主張する説が登場しています。

日蓮は法華法に示されている題目の真言的概念を取り込み、真言以上の力用をもつ題目を示し、真言の代わりに題目を唱えることを常に提唱していた。もっとも重要なことは、主著の一つである『開目抄』に、先に引用した「法華根本真言（法華経肝心陀羅尼）」を明らかにしたうえで、題目を説明することである。つまり、日蓮は密教阿闍梨の中で主流を占めていたこの真言と題目を同一視し、題目の真価を見出したのである。

（ルチア・ドルチェ「法華経と密教」『シリーズ日蓮1　法華経と日蓮』春秋社）

たしかに、『開目抄』には、「善無畏三蔵の法華経の肝心真言に云く『曩謨三曼陀没駄南（帰命普仏陀）唵（三身如来）阿阿暗悪開示悟入薩縛勃陀（一切仏也）…………』此の真言は南天竺の鉄塔の中の法華経の肝心の真言なり」と述べられています。文中の善無畏三蔵（六三七〜七三五）は、インドに生まれ、唐時代の中国に『大日経』をもたらした密教僧です。

真言について、空海は著作の『般若心経秘鍵《ひけん》』に、「真言は不思議なり　観誦すれば無明を除く一字に千理を含み　即身に法如を証す」と述べています。とすれば、題目と真言は、その効能が万能であることにおいて、非常によく似ているといえます。

こう考えると、題目の由来に真言を想定することも、十分な説得力があります。

ただし、万能性という点については、真言のみならず、念仏にも想定されていました。親鸞が晩年に、布教のために、その教えを七五調の句を連ねて語った「和讃《わさん》」に、下記のとおり、念仏は万能である、とりわけ現世利益がある、と主張しているのです。

山家の伝教大師は　国土人民あはれみて　七難消滅の誦文には　南無阿弥陀仏をとなふべし

一切の功徳にすぐれたる　南無阿弥陀仏をとなふれば　三世の重障みなながら　かならず転じて軽微なり

南無阿弥陀仏をとなふれば　梵王・帝釈帰敬す　諸天善神ことごとく　よるひるつねにまもるなり

南無阿弥陀仏をとなふれば　四天王もろともに　よるひるつねにまもりつつ　よろづの悪鬼をちかづけず

南無阿弥陀仏をとなふれば　閻魔法王尊敬す　五道の冥官みなともに　よるひるつねにまもるなり

天神地祇はことごとく　善鬼神となづけたり　これらの善神みなともに　念仏のひとをまもるなり

南無阿弥陀仏をとなふれば　十方無量の諸仏は　百重千重囲繞して　よろこびまもりたまふなり

（「現世利益和讃」『親鸞和讃集』岩波文庫）

ご覧のように、これでは、題目と念仏が、さらには真言までもが、その効能において、まったく同じということになってしまいます。要するに、題目と念仏と真言は、まさに混然一体、区別がつかないほど、よく似ています。三者の違いをあえて指摘するならば、真言の場合、目的別に複数が用意されるのに対し、題目と念仏の場合は、どのような状況でも、題目なら題目だけ、念仏なら念仏だけで、すべて解決できると主張されているところくらいです。このことは、南都六宗や天台宗や真言宗などのいわゆる旧仏教が網羅的なのに比べ、いわゆる鎌倉新仏教が選択的と評されることと、通底しています。

そして、仮に先行と後行という視点を重視するならば、題目は三者の中では最後発ですから、真言からも念仏からも影響を受けた、と考えられるかもしれません。

第二段　ひたすら帰命すべき本尊とは何か
第五章　唯一無二の浄土を末法の時代にしめす本門の本尊について

【一】仏の身体も国土も永遠不滅ではない

『法華経』以前の経典および『法華経』の迹門に説かれている浄土あるいは仏土（仏国土）は永遠不滅でも常住でもない、なぜならばそのような浄土あるいは仏土を出現させた諸仏もまた永遠不滅でも常住でもないから、と日蓮は述べています。そのような浄土あるいは仏土を出現させた諸仏は、実は釈迦牟尼仏の化身なので、本体の釈迦牟尼仏が入滅してしまえば、諸仏も滅尽し、諸仏が出現させた浄土あるいは仏土も消滅してしまう、とも述べています。

この主張は、次節で永遠不滅にして常住の浄土あるいは仏土、ならびにそのような浄土あるいは仏土を出現させた永遠不滅にして常住の仏の存在を明らかにするための、いわば伏線になっています。

永遠不滅にして常住の仏、その仏によって出現した永遠不滅にして常住の浄土あるいは仏土という思想は、インド仏教の歴史に照らすと、主流とはいえません。その理由は、いわゆる原始仏典を読むかぎり、開祖のゴータマ・ブッダは永遠不滅なるものも常住なるものも、決して認めなかったからです。

後発の大乗仏教でも、インド大乗の主流を形成した般若経の系統では、仏も森羅万象も「空」であるとみなし、永遠不滅なるものも常住なるものも、決して認めようとはしませんでした。この点で、『法華経』は、より正確には『法華経』の日蓮的な解釈は、特異といえます。

実は『法華経』でも、迹門の部分には案外よく「空」が説かれています。たとえば、「方便品」には「如来は、この世に存在するものはことごとく、空つまり実体をもたず、無相つまり平等であり、無願つまり求めるところはなにもないと体得しています」と説かれています。もっとも、日蓮に言わせれば、迹門の釈迦牟尼仏と本門の釈迦牟尼仏とでは次元がまったく異なるので、迹門の釈迦牟尼仏が「空」を体得したと説かれていても、さほど重視する必要はないと考えていたのかもしれません。いずれにせよ、日蓮は「空」に関心をいだきませんでした。

【二】本時の娑婆世界

前節から一転して、「南無妙法蓮華経」という妙法五字の受持により、以下の過程をへて、わたしたちが今いる現実世界は、永遠不滅の浄土となる、と日蓮は主張します。この部分は、原文では四十五文字なので、「四十五字法体段」と称されてきました。

①「南無妙法蓮華経」という妙法五字の受持。

②釈迦牟尼仏が積まれてきた功徳がすべて、おのずからわたしたちに譲り渡される。

③釈迦牟尼仏の心とわたしたちの心が一つになる。

④娑婆世界は、釈迦牟尼仏が地獄界から菩薩界に至る九界において積まれた修行の功徳（本因）、悟りを開かれた功徳（本果）、現にお住いの国土（本国土）という三妙が一体となる。

⑤釈迦牟尼仏とわたしたちと国土も一体となり、小の三災からも、大の三災からも離れ、ひいては壊劫と空劫と成劫と住劫という四つの段階からも脱して、永遠不滅の浄土となる。

この浄土では、久遠実成の釈迦牟尼仏は、文字どおり永遠不滅にして常住であり、わたしたちを教化なさる釈迦牟尼仏と釈迦牟尼仏から教化されるわたしたちは同体となります。そして、これこそ、わたしたちひとりひとりの心に、一念三千の法門が具備されているということであり、生命体域・物質活動と精神活動域・自然環境という三種の領域が具備されていることなのだ、と日蓮は主張します。

伝統的な教学では、一念三千の成仏とは、わたしたちの即身成仏であり、しかもそれがそのまま立正安国と呼ばれる草木国土の成仏でもある、と解釈されてきました。

また、これほど重要な教えが、迹門では説かれなかった理由は、時代の状況においても人々の仏道修行の能力においても、まだ未熟だ、と釈迦牟尼仏がお考えになったためであろうか、と推察しています。

日蓮の即身成仏論

即身成仏とは、唐時代に密教を大成した不空三蔵（七〇五～七七四）の『菩提心論《ぼだいしんろん》』によれば、「父母所生身　速証大覚位（父母から生まれた肉身のままで悟りを開き、仏身を成就する）」ことです。日本では、弘法大師空海が『即身成仏義』という著作をあらわして以来、真言密教の独壇場とされてきました。

法華教学の領域で、初めて即身成仏という語が用いられたのは、不空三蔵とほぼ同じ時代を生きた妙楽大師湛然（七一一～七八二）の『法華文句記』第四巻です。ただし、この段階では、教学として体系化されたとはいえませんでした。その後、伝教大師最澄が『法華秀句』第八章の「即身成仏化導勝」において、『法華経』の「提婆達多品」に説かれる龍女成仏を対象に、即身成仏を論じました。

日蓮は、最初の著作が『戒体即身成仏義』という書名だったことからわかるとおり、ごく早い時期から、真言宗流の即身成仏に強い関心をいだいていました。その後、日蓮は見解を変え、『法華経』によってのみ、真の即身成仏が実現するのであり、真言宗がもちいる『大日経』や『金剛頂経』などでは不可能だ、と弘安三年（一二八〇）七月二日に大田乗明の妻に宛てて出された『大田殿女房御返事』に述べています。

『大田殿女房御返事（即身成仏抄）』には、「天台智者大師の文句九に、寿量品心釈云仏於三世等有三身於諸教中秘之不伝とか、れて候。此こそ即身成仏の明文にては候へ」と書かれていて、日蓮が『法華経』における即身成仏の明文を、従来の「提婆達多品」に説かれる龍女成仏に見出す説から、「如来寿量品」に見出す説へと転換させたことがわかります。この転換は、日蓮が「如来寿量品」に他の章とは比較にならない重要性をあたえていることから考えて、当然といえます。

なぜ、『法華経』によってのみ、真の即身成仏が実現するのか、という課題に対して、日蓮は、要約すると、こうこたえています。「妙法蓮華経」という題目の「妙」には、即身成仏を実現させる力がある。「妙」に即身成仏を実現させる力がある理由は、「妙法蓮華経」という題目が「一念三千の珠」を内に秘める教えだからである、と解説しています。つまり、「妙法蓮華経」という題目は、毒に侵された病者を癒す良薬であり、無上の価値をもつ如意宝珠なので、即身成仏が成り立つというのです。

ところで、仏教の伝統では、成仏すると、その人は「仏の三十二相」、つまり肌が金色に輝くとか、足の裏が真っ平らになるとか、足の裏に千本の車軸の文様があるなどという、全部で三十二の瑞相を完備すると古くから伝承されてきました。『法華経』の「譬喩品」にも、その旨が説かれています。

無表色の三十二相

では、即身成仏も成就すると、誰でも「仏の三十二相」を完備するのでしょうか。

空海の場合は、『今昔物語』巻十一第九話に、「本意の如く真言宗を申し立て、世に弘む。其の時に諸宗の諸学者等有て、即身成仏の義を疑て論を致す時に、大師、彼の疑を断たむが為に、清涼殿にして南に向て、大日の定印を結て観念するに、顔色、金の属《たぐい》にして、身より黄金の光を放つ。万人、是を見て、首を低《かたぶけ》て礼拝す」と書かれていますから、金色に輝く仏身をあらわしたと伝えられます。もっとも、真偽は確かめようがありません。

日蓮の即身成仏は、どうなのでしょうか。文永九年（一二七二）ころ、木絵二像の開眼についてを論じた『木絵二像開眼之事（法華骨目肝心抄）』に、「即身成仏の手本は竜女是なり」と述べ、即身成仏の事例を『法華経』の「提婆達多品」に説かれる「龍女成仏」に求めています。また、『観心本尊抄』や『立正安国論』などとともに、いわゆる五大部を構成する『撰時抄《せんじしょう》』では、「五障の龍女は蛇身をあらためずして仏になる」と述べていま す。つまり、身を変ずる（変成男子）前の、女身にして畜身のまま、いいかえれば生身のまま、成仏したとみなしています。したがって、外見上はなにも変化していないことになります。たしかに、成仏したからといって、空海のように、金色に輝く仏身をあらわすというのは、現実には考えられません。しかし、「仏の三十二相」が成仏の証明になると信じられている以上、無視するわけにもいきません。

この課題については、日蓮が『戒体即身成仏義』において、「無表色の三十二相（目には見えない、形ではない三十二相）」と述べていること、また建治元年（一二七五）九月二十八日に、身延から富木常忍の妻の妙常尼に宛てて送った『妙心尼御前御返事（報富木氏妻書）』に、「妙の文字は三十二相八十種好円備せさせ給釈迦如来にておはしますを、我等が眼つたなくして文字とはみまいらせ候也（妙という文字は、三十二相八十種好を完璧に具備された釈迦牟尼如来なのですが、わたしたちの眼は拙劣なので、文字に見えてしまっています）」と述べていることなどが参考になります（岡田文弘「日蓮聖人の即身成仏義：『木絵二像開眼之事』を中心に」『現代宗教研究』五三）。

そもそも、仏の三十二相や八十種好は、『法華経』などの大乗仏典や『大智度論』のような大乗仏教の論書ではよく説かれていますが、原始仏典には見当たりません。開祖のゴータマ・ブッダは、悟りを開いたからといって、外見は変化していなかったのです。しかし、『法華経』や『大智度論』には仏の三十二相や八十種好が説かれています。この間の矛盾をどう解決するか、それが問題です。

この問題を、日蓮は、自身が想定していた即身成仏では、成仏して仏の三十二相や八十種好を得たとしても、わたしたちの肉眼では、それが見えないという解釈によって、巧みに解決したと思われます。この解釈であれば、悟りを開いた者が仏の三十二相や八十種好をあらわすというのはあくまで空想であって、現実にはありえないと考える現代人にとっても、十分な説得力があります。

【三】本門の肝心

本門の肝心である「南無妙法蓮華経」の五文字をひろめるために、釈迦牟尼仏が選んだのは菩薩として最高位にある文殊菩薩や薬王菩薩などをはじめ、これまでにその存在が知られていた菩薩たちではなく、本門に入って初めて登場する地涌千界の菩薩たちという、まったく無名の者たちでした。釈迦牟尼仏はかれらを召し出し、『法華経』の「従地涌出品」から「属累品《ぞくるい》」にいたる八品をお説きになって、「南無妙法蓮華経」の五文字をひろめなさい、と付属（委嘱）したというわけです。

地涌千界という呼称は、「如来神力品」の冒頭に、「そのとき、大地の裂け目から湧出してきた、一千個の世界をかたちづくる原子の数のひとしい数の菩薩たちが、みないっせいに、釈迦牟尼如来にむかって一心に手を合わせ、尊いお顔を仰ぎ見て、こう申し上げました」という記述に由来します。

地涌（千界）の菩薩たちについては、「従地涌出品」に「わたしがいまいる娑婆世界には、六万のガンジス河の砂の数に等しい菩薩たちがすでにいます。これらの菩薩たちひとりひとりには、おのおの六万のガンジス河の砂の数に等しい従者もいます。わたしが完全な涅槃に入ったのちは、かれらが『法華経』を護持し、読み、記憶し、説きひろめることになるのです。……菩薩の大集団のなかに、四人の指導者がいました。一人目は上行（すぐれた修行の実践者）菩薩、二人目は無辺行（無限大の修行の実践者）菩薩、三人目は浄行（清浄な修行の実践者）菩薩、四人目は安立（よく確立された修行の実践者）菩薩という名前でした」などと説かれています。

なお、「南無妙法蓮華経」が、どう数えても七文字なのに、五文字と書かれている理由については、わたしが本文を現代語訳するにあたり、説明を加えているので、参照してください。

【四】本尊のお姿

ここで本尊の具体的な形相が明らかにされます。この本尊は「大曼荼羅」と称され、弟子や檀越に授与されました。現存する真蹟の数は百二十三幅ですが、日蓮は少なくとも七百幅以上の大曼荼羅を描き授与したと想定する説もあります（山中喜八『日蓮聖人真蹟の世界』雄山閣）。ちなみに、日蓮による大曼荼羅の制作は、日蓮宗の伝統では「図顕《ずけん》」と呼ばれてきましたので、以下では図顕という語をつかいます。

時期により、構成にかなり変化が見られるものの、この節に説かれている内容にもとづく点は一貫しているようです。ただし、近年は、この節にとどまらず、『観心本尊抄』全体が曼荼羅本尊を説明しているという見解も提示されています（大黒喜道『佐渡日蓮研究』二号、佐渡日蓮研究会）。

楊枝の本尊

大曼荼羅の祖型は、佐渡への流罪のみちすがら、滞在していた相模《さがみ》国の依智《えち》において、出発を一日後にひかえた時点でしたためられた「楊枝の本尊」に求められます。この呼称は、持参していた小筆では文字が小さくなりすぎるので、大きく書くために、楊の枝をほぐして筆にしたという伝承に由来し、署名と年月日などが書かれた真蹟が、京都の立本寺《りゅうほんじ》に現存しています。規模は、縦五十五㎝、横三十四㎝ですから、後に佐渡で描かれた作例に比べるとずっと小さめです。構成も、中央に「南無妙法蓮華経」と大きく書かれ、その右に密教で不動明王を象徴する梵字、すなわち種字の「カン」が、同じく左に愛染《あいぜん》明王を象徴する梵字、すなわち種字の「ウン」が配されているだけなので、きわめて簡潔です。

佐渡百幅の御本尊から佐渡始顕本尊へ

佐渡で最初に図顕された大曼荼羅は、「南無妙法蓮華経」の首題、釈迦牟尼仏と多宝如来の二仏、不動と愛染の二明王から構成され、「文永九年百枚ノ本尊」あるいは「佐渡百幅の御本尊」と称されています。現存する作例に折目や摩滅のあとが見られることから、守護曼荼羅としてたたんで身につけられてたと推定されています。

そして、文永十年（一二七三）四月二十五日に『観心本尊抄』を書き上げて本尊のお姿を明らかにした日蓮は、二か月後の七月八日に、それを大曼荼羅として図顕したと伝えられます。これが「佐渡始顕本尊」です。身延山に伝来していた真蹟は、残念ながら、火災で消失してしまいましたが、その模写や模本が残されているので、全容を知ることができます。

この大曼荼羅は、日蓮が「このような本尊は、釈迦牟尼仏が悟りを開かれてから入滅されるまでの五十余年間には説かれていませんでした。最後の八年間に、『法華経』の「従地涌出品」から「属累品」に至る八品をお説きになったときにしか、説かれていません」と述べているとおり、本門の八品に説かれている「虚空会《こくうえ》の儀式・宝塔」を表現しているとみなされてきました。もっとも、本門の八品に説かれていない不動明王と愛染明王が、「楊枝の本尊」と同じように、種字で書き記されています。その理由については、のちほど論じます。

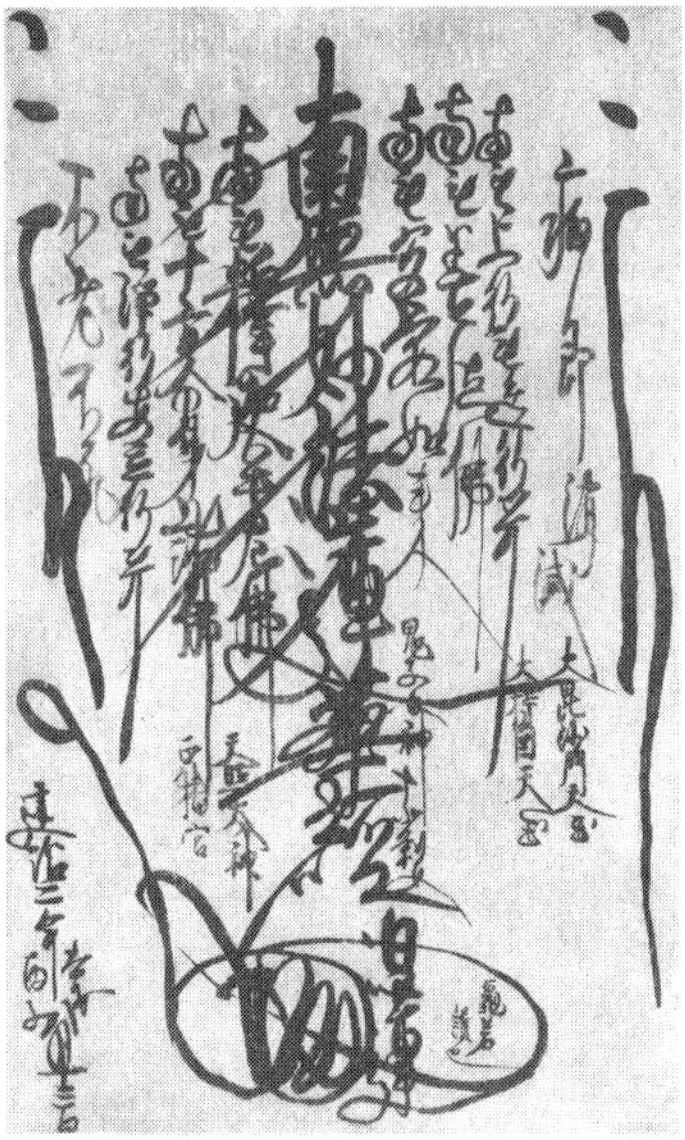

日蓮大曼荼羅模写（『本満寺宝物目録』
京都　本満寺　寂照院日乾の模本）

図版をご覧いただけば、文字どおり一目瞭然ですから、説明は控えます。特徴は、梵字の二明王をのぞき、諸仏や諸菩薩はもとより、人界・修羅界・畜生界・餓鬼界にいたるまで、列衆のすべてに「南無」という文字が冠せられている点です。そこで、この形式の大曼荼羅は

「総帰命式」と呼ばれています。

なお、「本尊のお姿」を説くこの節の末尾に、「これらの仏菩薩は彫像や画像にされてきました。しかし、『法華経』の「如来寿量品」において、本門の教主として、初めてあきらかにされた久遠実成の仏が、眼に見えるかたちで表現されたことはありませんでした。末法時代に突入した今こそ、まさに初めて、この仏像を出現させなければならないのではないでしょうか」と述べられているのは、重要です。これまでも、日蓮は自分たちが末法時代に、より正しくは末法時代に初めに生きているという認識を、繰り返し表明してきました。したがって、崇めるべき本尊もまた、従来の本尊では役に立たず、末法時代の初めにふさわしい新たな本尊が創造されなければならない、と強調しているのです。

不動明王と愛染明王

日蓮が本尊として図顕した大曼荼羅には、その祖型に位置づけられる「楊枝の本尊」以来、その右に不動明王の種字の「カン」、左に愛染明王の種字の「ウン」が、ほぼ一貫して書き記されています。では、なぜ、この二明王の種字が、必ずといっていいくらい、書き記されているのか。その理由について、近年、新たな見解が提示されています。

曼荼羅研究の第一人者として知られる田中公明氏は、著書の『両界曼荼羅の誕生』（春秋社）において、こう指摘します。

日蓮が創始した本門の本尊は十界曼荼羅とも呼ばれるが、その左右には「カン」と「ウン」が、梵字で記入されている。これは不動・愛染二大明王の種字である。日蓮は若き日に、比叡山で天台密教を学んだ。一二五四年〔建長六年〕には、月食の月輪上に不動明王、日食の日輪中に愛染明王を感得し、『不動愛染感見記』(保田妙本寺蔵)を遺している。

そして佐渡に配流された一二七一年〔文永八年〕に、はじめて描いた本尊(佐渡始顕本尊)では、「南無妙法蓮華経」の題目の左右に、不動・愛染を示す「カン」と「ウン」が配されるだけで、他の尊格はまったく記入されていない。そして翌〔文永〕九年の本尊では、これに釈迦・多宝の二仏が加わり、やがて地涌の四大菩薩などを配する、本尊の様式が確立したことがわかる。

なお日本密教では、不動・愛染の二大明王は、それぞれ胎蔵界と金剛界を代表するとされている。したがって、この二尊で両界曼荼羅を象徴させたのである。そして日蓮は、これら二大明王を左右に配することで、彼が創始した題目が、両界曼荼羅の二元論を超える絶対真理であることを表現したものと思われる。

安房の保田妙本寺に真筆が現存する『不動愛染感見記』によれば、建長五年の立教開宗の翌年の建長六年(一二五四)一月一日に、清澄寺で某阿闍梨から図像と真言と血脈の相伝儀礼を受けて、

「生身愛染明王拝見」を体験しています。同じく一月十五日から十七日にかけ、某阿闍梨から図像と真言と血脈の相伝儀礼を受けて、「生身不動明王拝見」を体験しています。

『与建長寺道隆書』などで真言宗を「真言は亡国の悪法」と、痛烈に批判した日蓮が、それも立教開宗の翌年という時点で、真言宗を相伝されているとは信じられないかもしれません。しかし、最近の研究動向では、日蓮の真言宗相伝は事実とみなす説が主流になりつつあります。

この点は、日蓮が創始した大曼荼羅に真言宗の曼荼羅が影響をあたえ、題目に浄土教の念仏ではなく、むしろ真言宗の真言が影響をあたえたのではないか、という指摘とも関連して、今後の研究課題でもあります。

なお、不動明王で胎蔵（界）曼荼羅を象徴させる理由は、胎蔵曼荼羅の持明院《じみょういん》と呼ばれる区画に不動明王が描かれているので理解できます。

愛染明王と金剛界曼荼羅の関係

ところが、愛染明王で金剛界曼荼羅を象徴させる理由は、金剛界曼荼羅に愛染明王は描かれていないので、判然としません。

愛染明王はその名のとおり、「煩悩即菩提」の理から、愛欲を浄化して悟りへみちびくほか、息災・敬愛・降伏の修法に本尊とされてきました。日本では、平安時代の終わりに近い院政期ころから絶大な人気を得ましたが、出自がわかりません。そもそも、愛染明王にあたる尊格が、インド仏教関係のサンスクリット文献に見当たらないのです。チベット密教において十忿怒《ふんぬ》尊を構成するタッキー・ラージャーという忿怒尊に同定する説、あるいは中央アジア出自説があるものの、確証は得られていません。しかも、この明王を説く経典は漢訳本の『瑜祇経《ゆぎきょう》（金剛峯楼閣一切瑜伽瑜祇経）』しかないうえに、この経典には偽経の疑いがかけられています。

愛染明王と金剛界曼荼羅の関係は、もしかしたら、愛染明王を説く『瑜祇経』には、金剛界曼荼羅と同じ数の三十七尊が登場することなどから、『金剛頂経』系統の経典とみなせるので、愛染明王で金剛界曼荼羅を象徴させたのかもしれません。

ちなみに、日蓮がもっとも厳しく対立していた真言律宗の忍性《にんしょう》は、愛染明王の熱心な尊崇者として知られていました。その背景には、鎌倉幕府では、愛染明王は三代将軍の源実朝以降、不吉とされていた日蝕や月蝕のような天変地異にまつわる祈祷に、本尊として、よく祀られていた事実もかかわっていたようです。日蓮は、ご存じのとおり、天変地異に余人に増して敏感でしたので、この点でも、愛染明王に特別な思いを抱いていた可能性があります。

天照大神と八幡神

「佐渡始顕本尊」をはじめ、大曼荼羅には、下方に天照大神と八幡神の名が書き記されています。日本の神界を代表するこの二神は、日蓮にとってどのような存在だったのか、考えてみましょう。手掛かりになる御書があります。『種種御振舞御書』です。そのなかに、以下の文言が見えます。

日蓮は幼若の者なれども、『法華経』を弘れば釈迦仏の御使ぞかし。わづかの天照太神、正八幡なんどと申は、此国には重ずけれども、梵、釈、日月、四天に対すれば小神ぞかし。……（日蓮は）教主釈尊の御使なれば天照太神正八幡宮も頭をかたぶけ、手を合て地に伏し給べき事也。『法華経』の行者をば梵、釈左右に侍り日月前後を照し給ふ。かかる日蓮を用ぬるとも、あしく敬はば国亡ぶべし。何況数百人ににくませ、二度まで流しぬ。此国の亡ん事疑なかるべけれども、且く禁をなして国をたすけ給へと日蓮かひかうればこそ、今までは安穏にありつれども、法に過れば罰あたりぬるなり。又此度も用いずば大蒙古国より打手向て日本国ほろぼさるべし。

日蓮にいわせれば、天照大（太）神も八幡神も、仏教に帰依して守護する神々に比べれば、とるに足らない存在にすぎません。そして、なにより重要なのは『法華経』信仰であり、天皇であろうと鎌倉幕府であろうと、その体現者にほかならない日蓮を排除するならば、日本は蒙古によって滅ぼされるにちがいない、と主張しています。

以上の引用に関連して、仮に天照太神を天皇もしくは朝廷、正八幡宮を鎌倉幕府に見立てるとすれば、両者ともにさして重要な存在ではないことになります。それは、大曼荼羅における天照太神ならびに正八幡宮の位置関係、すなわち下方に記されている点からも明らかです。

仏法は王法を超越する

さらに、大曼荼羅を図顕して以降の日蓮が、天皇ならびに鎌倉幕府を、自身の宗教世界においてどのように位置づけていたかについては、佐藤弘夫氏の指摘が注目されます。

佐渡流罪以後、とりわけ弘安期以降の日蓮においては、現実の天皇が日本国王に比定されていたという問題とは別に、仏法との原理的関係の中で天皇位は完全に仏法興隆の手段視され、その点では幕府と全く同列に位置づけられたといえよう。……神孫としての天皇の権威を一応は承認していた顕密仏教徒とは異なり、日蓮には天皇の帯びる特別の権威についての配慮は全く見られない。

(『神・仏・王権の中世』法蔵館)

たしかに、佐藤氏の指摘のとおり、日蓮は『立正安国論』以来、終生にわたり、仏法が王法に超越するという立場を貫いています。この事実は、きわめて重要です。

実は、仏法が王法に超越するという見解は、日蓮にとどまらず、浄土真宗の祖となった親鸞も同じでした。その証拠に、建永二年/承元元年(一二〇七)、師の法然をはじめ、親鸞を含む弟子たちが後鳥羽上皇や土御門天皇によって過酷な弾圧を受け、死罪や流罪に課せられた事件(建永の法難/承元の法難)について、後年、主著とされる『教行信証』「化身土巻」の最後に位置する「後序」において、「主上臣下、法に背き義に違し、忿《いか》りを成し怨みを結ぶ」と論じています。つまり、つまり最高位権力者だった後鳥羽上皇たちもその臣下たちも、みなそろって「逆謗闡提《ぎゃくぼうせんだい》」、つまり仏法を信じず誹謗し、成仏する機根をもたない者であり、決して救われないと批判しています。

第三段　大いなる教えを広めるのは誰か

第六章　末法時代だからこそ、『法華経』を広めなければならない

【一】「如来寿量品」の本尊は、なぜ『法華経』の本門で説きあかされるのか

第二十一の問答では、『法華経』本門の「如来寿量品」に説かれている本尊は、文字どおり前代未聞であり、これまで正法時代と像法時代の千年間を合わせた二千年の間に説かれてきた本尊とあまりに異なっていて、とうてい納得できないので、もっと詳しく説明してほしい、という問いに対する回答がしめされます。

この問いに対して、日蓮は、ありとあらゆる経典を、その経典が説かれる理由や由来を述べる序分、経典の本論が説かれる正宗分、経典の利益をかかげて正宗分の流通をうながす流通分の三段に分けて、その価値を位置づけるという論法を駆使しています。全体では、以下のとおり、四種三段が明らかにされます。なお、③の二門六段は、迹門三段と本門三段から構成されていますが、迹門三段と本門三段を別々に立てる説もあります。その場合は、全体が五つの部分で構成されることになるので、四種三段ではなく、五重三段と称されます。

①一代三段：対象は全経典
『華厳経』＋『阿含経』＋『維摩経』＋『勝鬘経』＋『般若経』：序分
『無量義経』＋『法華経』＋『観普賢菩薩行法経』：正宗分（全十巻）
『涅槃経』：流通分
②十巻三段／一経三段：対象は正宗分の全十巻
『無量義経』＋『法華経』「序品」：序分
『法華経』「方便品」～「分別功徳品」の十九行の偈に至る合計十五品半：正宗分
『法華経』「分別功徳品」の現在の四信が説かれている部分から後の十一品半＋『観普賢菩薩行法経』一巻：流通分
③二門六段（迹門三段＋本門三段）
迹門三段：対象は『無量義経』＋『法華経』迹門の十四品
『無量義経』＋『法華経』「序品」：序分
『法華経』「方便品」～「学無学人記品」：正宗分
『法華経』「法師品」～「安楽行品」：流通分
本門三段：対象は『法華経』本門の十四品＋『観普賢菩薩行法経』
「従地涌出品」の前半：序分

「従地涌出品」の後半＋「如来寿量品」＋「分別功徳品」の前半：正宗分
「分別功徳品」の後半〜「普賢菩薩勧発品」＋『観普賢菩薩行法経』：流通分
④本法三段／観心三段／文底三段／法界三段：対象は全経典＋「従地涌出品」の後半＋「如来寿量品」＋「分別功徳品」の前半＋妙法蓮華経
　全経典：序分
「従地涌出品」の後半＋「如来寿量品」＋「分別功徳品」の前半：正宗分
　妙法蓮華経：流通分

以上の論法は、もちろん日蓮の独創です。そして、その目的は、「妙法蓮華経」という五字を、日蓮自身をはじめ、末法時代の初めに生まれ合わせた者たちに、究極の教えとして提示することにあります。

教主・已説・三益

また、究極の教えを提示する経典には、以下の条件を満たすことが必要である、と日蓮は主張します。

㈠教主が、始成正覚の釈迦牟尼仏ではなく、久遠実成の釈迦牟尼仏であること。なぜならば、久遠実成の釈迦牟尼仏でなければ、真の一念三千は説けないから。

㈡已説（『法華経』以前の経典）・今説（『無量義経』）・当説（『涅槃経』）の三説を超越していること。

㈢三益、つまり仏と成る種を有情に植え付ける下種益、植え付けられた種を成熟させるために有情を教化し資質を向上させる熟益、熟した果実を収穫するように衆生を成仏させて苦悩から解き放つ脱益が、論じられていること。特に、過去の下種が明らかにされていること。

以上の条件をすべて満たしているのは、『法華経』本門の「従地涌出品」の後半＋「如来寿量品」＋「分別功徳品」の前半だけである、と日蓮は述べています。

もう一つ、この節の最後で、日蓮は重要な指摘をしています。『法華経』迹門の十四品のうち、正宗分にあたる「方便品」から「授学無学人記品」に至る八品は、実は正法時代と像法時代と末法時代の凡夫を中心に説いていて、それら三つの時代のなかでも、わたしたちが今いる末法時代の初めを、中心の中の中心として、説いている、というのです。上記の八品は、従来は声聞乗と縁覚乗の二つの乗を中心に説いていて、菩薩や凡夫は横に置かれていたのですから、末法時代の初めに今いる凡夫を対象として説いているという見解は、日蓮の独創といえます。そして、この見解が次節の主題として、浮上してくるのです。

【二】末法時代の凡夫にこそ、下種が約束されている

第二十二の問答では、前節の最後で指摘された見解、すなわちわたしたちが今いる末法時代の初

めを、中心の中の中心として、説いているという見解に、証拠はあるのかという質問に対して、日蓮は『法華経』から当該の箇所を引用して、回答をしめします。

まず迹門の「法師品」・「見宝塔品」・「勧持品」・「安楽行品」が引用されます。そして、迹門ですら、このように説かれているのだから、本門について考察するとき、末法の初めこそ、『法華経』の宣布にとって絶好の機会にほかならない、と説かれていることに疑問の余地はまったくない、と述べます。そのうえで、「如来寿量品」が引用され、久遠の過去において、すでに下種はなされていたのであり、これが久遠実成の仏による下種だ、と指摘します。ここで再び迹門にもどって「化《け》城喩品《じょうゆほん》」が引用され、日蓮は三千塵点劫の下種について語ります。

以上の経緯は、三千塵点劫の下種から始まり、前四味の説法がなされ、『法華経』の迹門が説かれた段階に至って、悟りという果実が成熟を遂げ、ついに本門に至って、最高次元の悟りが実現した、と総括されています。

ただし、本門と迹門とでは、やはり見解が異なっています。その理由は、本門の教えは序分も正宗分も流通分も、ことごとく末法の初めに生きる者たちのために説かれているから、と日蓮は主張します。

さらに、『法華経』の本門について、自説をこう述べています。

㈠釈迦牟尼仏が在世されていたときに説かれた『法華経』の本門は、教えにおいて完璧であり、末法の初めは時の認識において完璧である。

㈡釈迦牟尼仏が在世されていたときに説かれた『法華経』の本門は、解脱を得させるための教えなのに対し、末法の初めという時における『法華経』の本門は、下種の教えである。
㈢釈迦牟尼仏が在世されていたときに説かれた『法華経』の本門は、「従地涌出品」の後半部分から「如来寿量品」全部と「分別功徳品」の前半部分までに集約された教えなのに対し、末法の初めという時における『法華経』の本門は、ただひたすら「南無妙法蓮華経」という妙法五字を受持する教えである。

このようにして、日蓮は、自分たちが生まれ合わせた末法時代の初めという時代認識を強調し、この時代認識にふさわしい信仰のあり方を究明していきます。

【三】末法に生きる凡夫のためにこそ、下種が約束されているという教えを証明する経文

第二十三の問答は、『法華経』の本門は、すべてが末法時代を前提にしているという日蓮の見解に、それを証明する経文はあるかという質問に対して、日蓮は『法華経』の本門から当該の箇所を引用して、回答をしめします。

日蓮は、釈迦牟尼仏が涅槃に入ったのちに、誰が『法華経』をひろめるのか、という視点から、本門の「従地涌出品」の経文と、迹門の「法師品」から「安楽行品」までの五品の経文とでは、説かれていることがまったく異なっていると指摘します。たしかに、迹門の「見宝塔品」や「勧持《かんじ》品」では、全宇宙の仏菩薩や神々などが釈迦牟尼仏の呼びかけに応じて、娑婆世界以外のさまざま

な仏国土から来ていた菩薩たちが、釈迦牟尼仏が涅槃に入ったのちには、自分たちが『法華経』をひろめると誓いました。ところが、「従地涌出品」では、この誓いを釈迦牟尼仏はにべもなく拒否しています。

これでは釈迦牟尼仏が前言をひるがえしたことになります。なぜ、釈迦牟尼仏が前言をひるがえしたか、それが問題です。

会通＝前三後三の六釈＋日蓮の解釈

この問題のように、経典に矛盾するかのような記述がある場合、会通《えつう》といって、整合性に富み、説得力のある解釈を見出して、解消しなければなりません。そこで、日蓮は天台大師智顗が『法華文句』巻九上で展開した「前三後三の六釈」という構想を引用して、こたえます。「前三後三の六釈」については、訳文の中で詳しく説明したので、省略します。

日蓮は「前三後三の六釈」の趣旨に、自身の解釈をくわえて、迹門の教化を受けた菩薩たち、および他の仏国土から来ていた菩薩たちに、釈迦牟尼仏の内証＝内心の至高の悟りにほかならない「如来寿量品」が授与されず、代わりに地涌の菩薩たちが呼び出されて、「妙法蓮華経」の五文字を全宇宙の生きとし生けるものすべてに授与させた理由を、こう整理しています。

㈠末法時代の初めに遭遇している国は、正法を誹謗中傷する国になっていて、悪逆の能力しか持ち合わせていない者ばかりである。

㈡このような状況に、迹門の教化を受けた菩薩たちや他の仏国土から来ていた大菩薩たちでは対応できない。

㈢ゆえに、迹門の教化を受けた菩薩たちや他の仏国土から来ていた菩薩たちが、『法華経』の宣布を誓ったとき、釈迦牟尼仏はそれを制止した。

㈣その代わり、娑婆世界の大地の下にある虚空界から、大菩薩たちを召し出し、「如来寿量品」の肝心である「妙法蓮華経」の五文字を、全宇宙の生きとし生けるものすべてに授与させた。

㈤釈迦牟尼仏が地涌の菩薩たちを選んだ理由は、迹門の教化を受けた者たちは、久遠の過去において、釈迦牟尼仏が初めて悟りを求めて修行をはじめ、ついに悟りを開いたときからずっと仏にお仕えし、その指導を受けてきた弟子たちではなかったからである。

そして、天台大師智顗の『法華文句』、妙楽大師湛然の『法華文句記』、道暹《どうせん》の『法華文句輔正記』から文章が引用して、この見解を補強しています。

注目すべきは、「前三後三の六釈」では言及されていない、自分たちが末法時代の初めにいるという日蓮の時代認識が、ここでもきわめて重要な役割を演じている事実です。

次いで、「従地涌出品」の末尾のところに、弥勒《みろく》菩薩が以上の説明に納得できず、釈迦牟尼仏に向かって、さらなる説明を求めたと経文にあることについて、解釈がしめされます。この経文の真意は、「如来寿量品」の法門は、釈迦牟尼仏が涅槃に入られた後に生まれてくるであろう人々を教化するために説かれたのだ、と明らかにすることにあるというのです。

たしかに、「従地涌出品」の末尾と「如来寿量品」の冒頭の関係を見ると、弥勒菩薩の疑義に対する釈迦牟尼仏の答えとして、「如来寿量品」が説かれています。つまり、章（品）を超え、質問と回答というかたちで接続しているのです。これは異例の展開です。日蓮が、「従地涌出品」の後半＋「如来寿量品」＋「分別功徳品」の前半こそ、『法華経』の正宗分と主張する理由には、こういう展開も関係しているのか、と思い当たります。

良医の譬え

そして、「如来寿量品」に説かれている法華経七喩の一つ、「良医の譬え」に対して、日蓮は独自の解釈をしめします。

この譬えに、登場する人物は、以下のとおりです。

良医の父親

毒を飲んでしまった子供たち

①精神状態を正常に保っていられた子供たち

②動転して、尋常ではない精神状態になってしまった子供たち

父親の死を子供たちに告げた使者

また、毒は煩悩、父親が最初に用意した良薬は『法華経』の本門の教え、父親が留め置いた良薬は「妙法蓮華経」という五文字、治癒は成仏、父親の死は（見掛け上の）釈迦牟尼仏の入滅を、おのおの意味しています。

登場人物のうち、良医の父親は、いうまでもなく、釈迦牟尼仏にあたります。

毒を飲んでしまった子供たちのなかで、①精神状態を冷静で正常に保っていられた子供たちは、久遠の過去に仏種を植え付けられた者や大通智勝如来から仏法との結縁を授かった者をはじめ、仏縁のあった菩薩や出家僧や人間や神々などにあたります。これらの者たちは『法華経』の本門の教えによって成仏することができました。

末法時代に生まれ合わせた人々

重要なのは、ここからです。「如来寿量品」には、こう説かれています。毒を飲んでしまった子供たちのなかで、②動転して、尋常ではない精神状態になってしまった子供たちは、せっかく『法華経』の本門の教えという良薬を用意したのに、受け入れようとしません。

尋常ではない精神状態になってしまった子供たちとは、この節の末尾に、「分別功徳品」に、「悪しきものたちが跳梁跋扈し、正法が滅びようとしている末法の世に……」と説かれていると日蓮が指摘していますから、悪しきものたちが跳梁跋扈し、正法が滅びようとしている末法時代に生まれ合わせた人々を指しているとわかります。

つまり、時代状況は最悪です。そこで、父親＝釈迦牟尼仏は方便を駆使します。究極の良薬を、いつでも服用できるように用意したうえで、遠くへと旅立ち、そこから使者を遣わせて、自身が死んでしまったと知らせたのです。父親が死んでしまったと知らされた子供たちは、当初は悲嘆に暮れましたが、そうこうするうちに精神状態が回復していきました。そして、父親が遠くへと旅立つ前に用意してくれた薬が、すべての点ですぐれているとようやくわかり、服用したところ、病気はたちどころに治ってしまいました。

第二十四の問答を先取りすれば、究極の良薬とは下種の「妙法蓮華経」という五文字にほかなりません。したがって、以上のいきさつは、末法時代に生まれ合わせた人々は、下種の「妙法蓮華経」という五文字を受持することによってのみ、成仏できることをあらわしています。

第七章　末法時代に『法華経』を伝える師の資格

【一】遣使還告と是好良薬の意味

第二十四の問答は、『法華経』の「如来寿量品」に説かれているという「遣使還告《けんしげんごう》（使者を派遣して死を告げる）」と「是好良薬（病気に良く効く薬）」の意味が質問され、その回答が示されます。

「遣使還告」については、釈迦牟尼仏が涅槃に入った後に、人々の拠りどころとなる導師は四種、つまり小乗仏教・大乗仏教・釈門・本門のそれぞれに、四段階にわたり出現する導師を意味していると指摘したうえで、そのうちもっとも重要な役割をになう本門の四依の地涌の菩薩たちは、末法時代の初めに必ず出現すると述べています。

「是好良薬」については、『法華経』のことであり、とりわけ「如来寿量品」の肝心にほかならない「妙法蓮華経」を意味していると述べています。その根拠を、日蓮は、「妙法蓮華経」という経題は、天台大師智顗が『法華玄義』において主張した五重玄義、すなわち釈名と弁体と明宗と論用と判教という五つの玄義を、すべて兼ねそなえているという理論に求めます。そして、このような「病気に良く効く薬」を、釈迦牟尼仏は、迹門の教化を受けた菩薩に授けなかったのだから、娑婆世界以外の仏国土から参集した菩薩たちに授けるはずがない、とも述べています。

要するに、日蓮によれば、「病気に良く効く薬」である「妙法蓮華経」という五文字を伝える「使者」は、末法時代の初めに必ず出現する地涌の菩薩にほかならないのです。

【二】如来神力品に、地涌の菩薩たちへの特別な付属が明らかにされている

次いで、日蓮は、『法華経』の「如来神力品」の経文を引用して、末法時代における「妙法蓮華経」という五文字の弘教を、釈迦牟尼仏は地涌の菩薩たちだけに委嘱したと述べ、その理由を、天台大師智顗が『法華文句』会本二十九に記した「下方から出現した地涌の菩薩たちの誓いだけが説かれている」、および道暹が『法華《ほっけ》文句《もんぐ》輔正記《ふしょうき》』六の十八に記した「法が久遠の法なのだから、久遠の弟子たちに付属する」という文言に求めています。

そして、文殊師利菩薩や観世音菩薩などをあげて、これらの菩薩は釈迦牟尼仏の弟子ではない、娑婆世界においでになった理由も補助的な域を出ない、『法華経』の本門には登場しないと指摘して、末法時代に『法華経』をひろめる役割をになえないだろう、と主張します。

さらに、「如来神力品」では、釈迦牟尼仏と諸仏が、口から長い舌を出して天上界にまで到達させるとか、全身の毛穴から数えきれない量と種類の光を放って全宇宙をあまねく照らし出すとか、すこぶる高度な次元の神通力をさまざまあらわしたと説かれていて、「妙法蓮華経」という五文字の弘教が未来に付属されることの証明になっている。それに対し、顕教だろうが密教だろうが、『法華経』以外のどの経典にも、このような高い次元の神通力の行使は説かれていないので、それらの経典が真実であることは証明されていない、とも主張します。

神通力による証明

経典に説かれている神通力の行使が、その経典の真実性を証明するという発想は、現代人には荒唐無稽の極みとしか思えません。しかし、明治維新以降、欧米から近代的な仏教学が導入されるまで、日本の仏教僧のほとんどは、経典に説かれていることはすべて「事実」であると信じて疑っていませんでしたから、このような論法は有効だったのです。

さらに、日蓮は、『法華経』以外のどの経典にも、「如来神力品」に説かれているような次元の神通力が説かれていないので、それらの経典が真実であることは証明されていない理由を、こう説明します。これら『法華経』以前に説かれた経典は、円教（すべてを包摂する完璧な教え）の教えではなく、釈迦牟尼仏が久遠の仏であり、その教えもまた久遠の教えであることが明らかにされていないからである、と。

このように、釈迦牟尼仏が十種類の神通力をあらわしたのは他に例のないことだから、十種類の神通力をあらわしたあとで語られた釈迦牟尼仏の言葉もまた、他に例のない重要なものであると指摘します。そのうえで、「如来神力品」から経文を引用し、この経文は、釈迦牟尼仏が地涌の菩薩たちに、「妙法蓮華経」の五字をゆだねたことを意味していると解釈します。

日蓮の独創

ただし、引用された経文には、「釈迦牟尼仏は、上行菩薩をはじめ、菩薩たちに、こうおっしゃいました。……如来が体得した真理のすべて、如来がもつ自在な神通力のすべて、如来の秘密のすべて、如来の深遠な立場のすべて、これらがみな、この経典のなかに説かれている」とあって、釈迦牟尼仏の説法の対象が上行菩薩をはじめとする地涌の菩薩たちだったことは説かれていますが、「妙法蓮華経」の五字をゆだねた、とは説かれていません。

日蓮は、天台大師智顗の『法華文句』巻第十の下に書かれている「如来神力品」についての註釈、伝教大師最澄の『法華秀句』巻下「無問自説果分勝三」に書かれている「如来神力品」についての註釈を引用して、みずからの解釈を補強しようとつとめています。しかし、これらの註釈も『法華経』の偉大さを顕彰するにとどまり、地涌の菩薩たちに「妙法蓮華経」の五字をゆだねたとは書かれていません。

天台大師智顗や伝教大師最澄が、釈迦牟尼仏は地涌の菩薩たちに「妙法蓮華経」の五字をゆだねたと述べていないのは、当然です。なぜならば、さきほど第七章の【二】において論じられていたとおり、日蓮によれば、天台大師智顗や伝教大師最澄は、末法時代の初めに出現した迹門の四依だからです。

しかも、「妙法蓮華経」の五字＝「題目」を受持することにより、一念三千は、久遠の釈尊の「功徳」として私たちに「自然」に譲り与えられることになり、私たち凡人が久遠の釈尊と功徳において同等となって、「即身成仏」が成就するという思想は、日蓮に独創意的な題目論（間宮啓壬）なのですから、天台大師智顗や伝教大師最澄とはかかわりがありません。

常識の転換

また、十神力のうち、前半の五神力は釈迦牟尼仏が在世されていた時代に生まれ合わせた人々を対象とするのに対し、後半の五神力は釈迦牟尼仏が入滅後の時代に生まれ合わせた人々を対象とするという、これまでの常識を、日蓮は転換します。「わたしが入滅したのちも、この経典をたもつことができるようにとねがって、如来たちはみな大喜びしつつ、はかりしれぬ神通力を発揮したのです」という偈を論拠として、前半の五神力も後半の五神力も、ともに釈迦牟尼仏が入滅後の時代に生まれ合わせた人々を対象にしているとしか思えない、と宣言しています。

さらに、「属累品」の「釈迦牟尼如来は……右手の本数を数限りなく増やしたうえで、その無数の右手で、無数の菩薩たちの頭頂を、お撫でになりながら……このうえなく正しい悟りを、あなたがたにゆだねることとしましょう」という経文を引用して、釈迦牟尼仏は、地涌の菩薩たちを先頭に、次いで迹門の教化を受けた菩薩たち、他の仏国土から訪れた菩薩たち、さらに大梵天王や帝釈天や四天王たちという順序で、『法華経』を属累されたと解釈しています。しかし、経文を素直に読むかぎり、釈迦牟尼仏は『法華経』の宣布を大勢の菩薩たちにゆだねたのであって、「妙法蓮華経」の五字の弘教をゆだねたとは説かれていません。地涌の菩薩たちを先頭に……というように、地涌の菩薩たちを特別扱いにしたとも説かれていません。

つまり、釈迦牟尼仏は、入滅後の時代に生まれ合わせた人々を対象に、とりわけ末法時代に生まれ合わせた人々を対象に、『法華経』本門の肝心である「妙法蓮華経」という五文字の弘教を、地涌の菩薩たちだけに、もしくは地涌の菩薩たちを最優先に、ゆだねたという解釈は、日蓮の独創的な思想にほかならないのです。

第八章　末法時代に生まれ合わせた人々の救いは、どのように約束されているのか

【一】教主釈迦牟尼仏の救いの眼は末法時代に向けられている

第二十五から第二十八の問答は、一貫して、地涌の菩薩たちが、正法時代や像法時代には出現せ

ず、もっぱら末法時代にのみ出現する、という日蓮の主張に向けられています。第二十六から第二十八にかけて、同じ質問が三度も繰り返され、三度目にやっと答えるという過程は、『法華経』では「方便品」に見られます。

「方便品」では、舎利弗の質問に対して、釈迦牟尼仏が三度目にやっと答えた理由は、「説いても無駄である。なぜならば、ほんとうのことを説いたならば、この世にありとしある神々も人々も、みながみな、驚き、疑うから」と説明されています。要するに、三度も繰り返される質問に対する答えとは、ただ単に重要なだけでなく、世の常識ではまったく理解できない内容なのだということです。現に日蓮も、第二十八の質問に対して、『法華経』の「常不軽菩薩品」を引用して、「この件について述べるならば、世間の人々すべてに、悲惨な事態が必ずや起こってしまうから」と述べています。

そして、第二十九の問答では、「ご存じなのにもかかわらず、お説きにならないのであれば、あなたは吝嗇で欲深いという罪に堕ちることになる」とまで批判され、それでは致し方ない、おおよそのことを説こう、という展開になっています。

釈迦牟尼仏の出世の本懐

地涌の菩薩たちが、正法時代や像法時代には出現せず、もっぱら末法時代にのみ出現する、という主張を証明するために、日蓮は、『法華経』の「法師品」・「如来寿量品」・「分別功徳品」・「薬王菩薩本地品」にくわえ、『(大乗)涅槃経』巻二十「梵行品」からも、当該の経文を引用し、こう結論を述べます。「釈迦牟尼仏がこの世に出現されたゆえんは、霊山において八年間にわたり『法華経』をお説きになったとき、聴聞の機会を得た人々のためではありませんでした。釈迦牟尼仏が入滅されたのち、正法時代と像法時代と末法時代に生まれ合わせた人々のためでした。また、正法時代と像法時代を合わせた二千年間に生まれ合わせた人々のためでもありませんでした。末法の初めに生まれ合わせた、わたし(日蓮)のような者のためだったのです。」

伝統的な表現を借りるならば、「釈迦牟尼仏の出世の本懐は、末法の初めに生まれ合わせた、わたし(日蓮)のような者のために『法華経』を説くことだった」と、日蓮は主張しているのです。また、『(大乗)涅槃経』巻二十「梵行品」の「病気の子ども」とは、釈迦牟尼仏が入滅されたのちに出現して、『法華経』を誹謗する者たちを指している。「如来寿量品」の「優れた医師である父親が置いておいた、色の点でも香りの点でも味の点でもみなすぐれている薬を、良くないものと思い込んでしまう者」とは、「妙法蓮華経」の教えを受けとれない末世の凡夫を意味している、とも述べています。

円機と円時

次いで、地涌の菩薩たちが正法時代の千年間に出現しなかった理由を、正法時代は小乗仏教あるいは法相宗や三論宗のような中途半端な仮の大乗仏教の教えが伝えられた時代なので、人々の資質においても、時との照合においても、条件が満たされていなかったからと説明します。

地涌の菩薩たちが像法時代の千年間に出現しなかった理由の説明は、かなり複雑です。なぜならば、その中期から末期にかけて、観世音菩薩が南嶽大師慧思として現世に姿をあらわし、さらに薬王菩薩が天台大師智顗として現世に姿をあらわし、『法華経』をひろめ、百界千如と一念三千の教義を究めた、と日蓮が認識していたからです。それにもかかわらず、地涌の菩薩たちが像法時代の千年間に出現しなかった理由を説明するのは、たしかに厄介です。

この難問に対し、この二人は、凡夫の心に仏界が具備されていることについて、理論的に解明した（理具の教え）にとどまっていて、身体活動と言語活動と精神活動の三業にわたり「妙法蓮華経」の五字を受持する（事行の教え）にはいたらなかった。その根本的な原因は、完璧な教えを受けとるのにふさわしい完璧な資質（円機）はそなわっていても、「妙法蓮華経」の五字を受持するのに完璧にふさわしい時（円時）がまだ訪れていなかったからだ、と日蓮は説明します。

第一章でふれたとおり、日蓮は、弟子たちの一部から、「或人云唯教門計也」、つまり日蓮の教えは理論ばかりだ、と難詰されていて、この批判が『観心本尊抄』を執筆する直接的な動機になりました。理論だけで、実践法が提示できていないという点では、南嶽大師慧思と天台大師智顗も同じです。しかし、日蓮はこの二人を批判していません。なぜならば、南嶽大師慧思は観世音菩薩の化身、天台大師智顗は薬王菩薩の化身とされるくらい、偉大な人物であっても、時代を超越することはできないから、というわけです。そして、この論理によって、日蓮自身が生まれ合わせた末法時代の初めという時代が、いかに特別な時代なのか、強く認識させようとしています。

日蓮が、完璧な教えを受けとるのにふさわしい完璧な資質（円機）よりも、完璧な教えを受けとるのに完璧にふさわしい時（円時）を、重視する方向性は『観心本尊抄』以降、徹底していきます。典型例は建治元年（一二七五）六月十日、身延において執筆した『撰時抄』です。「夫れ仏法を学せん法は必ず先づ時をならうべし（仏法を学ぶときは、何よりも〔今、自分たちが生まれ合わせた〕時代を認識しなければならない）……『法華経』の流布の時二度あるべし。所謂在世八年、滅後には末法の始五百年なり（法華経がひろめられる時期は二度あります。一度目は釈迦牟尼仏が在世されていた八年間であり、入滅されて後は末法時代の始めにあたる五百年間です）」と書かれています。

因謗堕悪必因得益

日蓮にいわせれば、日蓮自身が生まれ合わせた末法時代の始めにあたる五百年間は、「小乗仏教や中途半端な仮の大乗仏教の教えが、真の大乗仏教の教えを打倒し破壊し、ありとあらゆる秩序が崩壊してしまっている世の中なので、『法華経』の迹門の教えをひろめるはずの四依の菩薩たちは姿をあらわさず、もろもろの善神たちも国を見捨てて、もはや守護しようとはしない」時代です。

この認識は、「小乗仏教や中途半端な仮の大乗仏教の教えが、真の大乗仏教の教えを打倒し破壊し」の「小乗仏教や中途半端な仮の大乗仏教の教え」を念仏に置き換えれば、『立正安国論』における時代認識と通じています。

しかし、こういう最悪の時代だからこそ、「地涌の菩薩たちが初めて世に出現し、ひたすら「妙法蓮華経」の五字を、末法時代の良薬として、病に苦しむ幼稚な人々に服用させる」というのが、日蓮の主張にほかなりません。このような、危機的な状況だからこそ、真理が顕現するという逆説的な構造については、すでに妙楽大師湛然が『法華文句記』に、『法華経』の「常不軽菩薩品」の二十四字から成る経文に註釈をくわえて、「因謗堕悪必因得益」、すなわち「『法華経』を誹謗した罪ゆえに地獄に堕ちた者たちは、『法華経』を誹謗して罪を得たことが、いわゆる逆縁となって、救われるという利益を得た」と述べている、と日蓮は指摘し、自説の証明としています。

日蓮の肉声

「因謗堕悪必因得益」を論じた直後に書かれている「愛弟子たちよ、肝に銘じなさい。地涌千界の菩薩たちこそ、教主である釈迦牟尼仏が、初めて悟りを求めて修行に入って以来の弟子たちなのです」という文言は、日蓮の肉声そのものなのかもしれません。

次に、地涌千界の菩薩たちの行動を列挙します。

・釈迦牟尼仏が菩提樹の下で悟りを開いた直後に『華厳経』をお説きになった道場にこなかった。

・涅槃の直前に沙羅双樹の下で『涅槃経』をお説きになったときにも訪れなかった。

・『法華経』の迹門にあたる十四品が説かれたときにも、説法の場にあらわれなかった。

・本門にあたる十四品のうち、薬王菩薩本事品から普賢菩薩勧発品にいたる六品のあいだも、説法の場から立ち去ってしまった。

・『法華経』二十八品のなかで、従地涌出品から属累品までのわずか八品のあいだだけ説法の場に来て、すぐに還ってしまった。

常識的に考えれば、これらの行動は礼節を欠いていて、教主の釈迦牟尼仏に対して不孝だとか、増上慢の極みだとか、批判を招くのは必定です。

ところが、このような常識的な価値判断を、日蓮はしりぞけます。逆説的に、これらの行動は、地涌千界の菩薩たちが高貴な存在であることを証明しているとみなすのです。そして、釈迦牟尼仏、多宝如来、宇宙から来集した釈迦牟尼仏の分身仏という三仏が勢揃いした場において、末法時代に『法華経』をひろめると約束して『法華経』を受持したのだから、地涌千界の菩薩たちが末法時代の初めに出現しないはずはない、と結論づけます。

折伏と摂受の選択

この節の最後は、折伏と摂受《しょうじゅ》の選択です。地涌の菩薩たちを指導する上行菩薩・無辺行菩薩・浄行菩薩・安立行菩薩は、教化する対象によって、相手の悪いところを徹底的に批判し論破して正法に帰依させる場合（折伏）と、相手の良いところを育み導いて正法に帰依させる場合（摂受）を、巧みに使い分ける必要があるというわけです。

摂受のときには出家僧のように、と日蓮が述べている理由は、僧侶にとってもっとも重要な主な仕事の一つが説教ですから、書かれていなくても、特に説明するまでもないでしょうが、折伏のときには国王のように、と日蓮が述べている理由は、どこにあるのでしょうか。書かれていないので、あくまでわたしの推測にすぎませんが、『立正安国論』以来、仏法が王法を超越するという前提にもとづいて、国家の最高権力者が果たすべき役割として、邪教の禁止を提言してきた経緯を考えると、一定の強制力を想定していた可能性が考えられます。

ちなみに、『開目抄』には、「無智悪人の国土に充満の時は摂受を前《さき》とす。安楽行品の〔身安楽行・口安楽行・意安楽行・誓願安楽行の〕ごとし。邪智謗法の者多時は折伏を前とす。常不軽品の〔但行礼拝《たんぎょうらいはい》の〕ごとし」と書かれています。この記述からすると、折伏と摂受の、いずれを用いるか。それは、邪智で正法を誹謗する者か、それとも教化の対象が無智なだけの悪人か、によって決まります。

相手が、もし無智なだけの悪人であれば、身安楽行・口安楽行・意安楽行・誓願安楽行の実践ですから、喧噪を離れた場所で、軽蔑せず、過失を暴かず、穏やかな口調で教えさとし、争いの心をいだかず、大慈大悲の心で接して、良いところを育み導いてあげれば、正法に帰依する、と期待できます。

しかし、邪智で正法を誹謗する者であれば、それは無理です。やはり相手の悪いところを徹底的に批判し論破して、正法に帰依させるしかありません。とはいっても、「常不軽品の〔但行礼拝の〕

ごとし」と書かれていますから、「仏になる資質は誰にでも備わっていると信じ心からの合掌をする」という姿勢は堅持しなければならない、と日蓮は考えていたようです。

【三】地涌の菩薩たちが末法時代に出現するという予告

第三十の問答では、地涌の菩薩たちが末法時代に出現するという予告は、『法華経』にあるのか、という質問に対する回答がしめされます。

日蓮があげるのは、『法華経』の「薬王菩薩本地品」に説かれている経文です。問題は「わたしが安全な涅槃に入ったのちの五百年間、人間たちが居住している閻浮提の津々浦々に広めてください」という文中の「五百年間」です。『大集経《だいじっきょう》』の「月蔵分《がつぞうぶん》」には、仏滅後の時代を五百年ごとに区分する五堅固説が説かれています。この最後の五百年を「後の五百歳」といい、末法の始まりとするのです。このあたりの事情は、本書の第一章で、すでにかなり詳しく解説しました。

実は、法然も主著の『選択本願念仏集』の冒頭に、こう述べています。

其れ聖道《しょうどう》の一種は、今の時、証し難し。一には大聖《だいしょう》を去ること遥遠《ようおん》なるに由る。二には理は深く解《さとり》は微なるに由る。是の故に『大集月蔵経』に云わく、「我が末法の時の中の億々の衆生、行を起こし道を修せんに、未だ一人として得る者有らじ」。当今は末法、是れ五濁悪世なり。唯浄土の一門のみ有りて通入すべき路なり。

〈聖道門〈自力〉の修行によっては、今の時代では悟りを得るのは難しい。その理由の第一は、釈迦牟尼仏が在世されていた時代から、遠く隔たってしまっているからである。第二は、真理は深遠なのに、それを理解できる力量の人材があまりに微少だからである。それゆえに、『大集経』の「月蔵分」に、「わたしたちが今いる末法時代においては、どんなに多くの人々が修行して、悟りへの道を実践しようとしても、いまだ一人として悟りを得た者がいないではないか」と説かれている。今の世はまさに末法であり、汚れに汚れた時代である。そのなかで、浄土の一門だけが、仏の世界に通じ入ることができる〉

このように、日蓮と法然は厳しく対立する関係にありながら、末法時代の認識においては、『大集経』の「月蔵分」に説かれる五堅固説を共有していたのです。というよりも、日蓮と法然にとどまらず、五堅固説は当時の日本仏教界における常識だったのです。

また、「当今は末法、是れ五濁悪世なり。唯浄土の一門のみ有りて通入すべき路なり」という文言を、浄土宗では、時〈末法〉と機〈称名念仏〉の相応すべきことを説示していると解釈されてきました。このような時と機の相応という発想も、日蓮と法然に共有されていたといえます。

「闘諍の時」の真意

次いで、日蓮は天台大師智顗・妙楽大師湛然・伝教大師最澄の見解を引用していますが、もっとも注目すべきは伝教大師最澄の見解です。とりわけ、「今わたしたちがいる時代を語るならば、像法時代の終わりであり、末法時代の初めである。日本国の位置を考察するならば、唐の東、羯《かつ》（現在の中国東北部）の西にあたる。人々の性情を究明するならば、天災や戦乱などの社会の汚れ、邪悪な教えや見解が流布する思想上の汚れ、……といった五つの汚れ（五濁《ごじょく》）にまみれた生き方であり、闘争に明け暮れている時代である」という部分です。

日蓮（一二二二〜一二八二）が生まれたのは、最澄（七六六／七六七〜八二二）が死去した四百年後ですから、日本をとりまく国際環境はかなり異なっていました。たとえば、最澄は空海が唐に留学したように、日本と唐は友好的な関係にありました。

その一方で、「唐の東、羯《かつ》（現在の中国東北部）の西」という地理的な条件は変わりようがありません。この地域を、日蓮が生きていた時代は、モンゴル族の元が支配し、日本侵略を企図していました。また、日本の国内は「天災や戦乱などの社会の汚れ、邪悪な教えや見解が流布する思想上の汚れ」にまみれていました。

最澄は自身が生きていた時代を「闘争に明け暮れている時代」と述べていますが、日蓮が生きていた時代は、最澄の時代とは比べものにならないくらい、激しく闘争に明け暮れている時代でした。この認識は、なにも日蓮の独断ではありません。誰の目にも明らかな事実でした。

以上の時代認識にもとづいて、日蓮は著作の『立正安国論』において指摘した「自界叛逆《じかいほんぎゃく》（内乱）・西海侵逼《さいかいしんぴつ》（蒙古襲来）」という二つの災難を、最澄はあらかじめ予言していたのだ、と受けとめています。このように、自身の生きている時代が直面している危機的な状況を、過去の偉人の見解を引用しつつ、ひじょうに具体的に把握していたのです。

そして、このような危機的な状況だからこそ、地涌の菩薩たちが出現して、『法華経』本門の教主である釈迦牟尼仏の左右に立つ脇士《きょうじ》となり、今わたしたちが住んでいるこの世界第一の本尊が、仏教の原郷のインドでもなく、天台大師智顗など『法華経』にかかわる偉人を輩出してきた中国でもなく、この日本国に立てられるはずだ、と日蓮は主張します。

さらに、日本仏教の発展に絶大な貢献を果たした聖徳太子、聖武天皇、最澄のような偉人たちが、『法華経』の本門に説かれている上行菩薩・無辺行菩薩・浄行菩薩・安立行菩薩を、左右の脇侍とする本尊を祀ることがなかった理由は、地涌の菩薩たちが末法時代に出現するのを待っていたからだ、と主張します。

凶瑞から吉瑞へ

つづいて、「この菩薩たちは、釈迦牟尼仏からご命令を受けて、すぐ近く大地の下にいます」という文言を受けるかたちで、最近、正法時代や像法時代にはなかった大地震が起こり、正法時代や像法時代には出現しなかった巨大な彗星が出現しているのは、ひとえに地涌の菩薩たちが出現する前兆なのかもしれない、と述べています。

自然現象を宗教的な視点から読み解き、奇跡的な事象の前兆ととらえる発想は、現代人には荒唐無稽としか思えません。

しかし、正嘉元年（一二五七）の八月二十三日に、鎌倉直近で起こり、マグニチュードが七・〇～七・五（『理科年表』掲載の被害地震年代表）という大地震を、日蓮自身が身をもって体験し、この体験が『立正安国論』を執筆する直接のきっかけになったことは、日蓮が文永五年（一二六八）に、おそらくは北条時宗に宛てて提出した書状の『安国論副状』に、「念仏宗と禅宗等とに御帰依あるの故に、日本国中の守護の諸大善神、恚《いかり》に依って起す所の災い也」と書かれている事実から見て、疑いようがありません。

また、文永元年（一二六四）の七月五日にあらわれた大彗星が、日蓮の心情をいたく刺激したことは、北条時頼の側近だったらしい法鑒房《ほうかんぼう》という人物に宛てて送った『安国論御勘由来』に、「彗星東方に出て余光大体一国に及ぶ。此れ又世始まりてより巳来無き所の凶瑞なり」と書かれていることから確かです。

このとおり、大地震や大彗星のような天変地異を、日蓮はこれまで「災い」あるいは「凶瑞」とみなしていました。ところが、『観心本尊抄』のこの部分では、むしろ「吉瑞」とみなしています。つまり価値判断が逆転しているのです。

これは、きわめて興味深い事実です。世の常識ではあいかわらず「凶瑞」とされる天変地異が、『観心本尊抄』を執筆している時点の日蓮には、地涌の菩薩たちが出現するという「吉瑞」としか思えなくなっていたのです。

この節の最後に、「天が晴れれば、地は明るくなります。それと同じように、『法華経』の真実を理解する者は、世間で起こるありとあらゆる出来事の根本的な原因を認識できるのです」と書かれています。文脈からすると、なにか唐突な感じが否めないのですが、「天が晴れれば、地は明るくなります」という文言の背後に、天変地異に対する価値判断の逆転があるとすれば、世の常識では「凶瑞」とされる天変地異は、実は「吉瑞」にほかならず、それは「天が晴れ」る前兆である、と日蓮が考えていたのかもしれません。ただし、それを理解するためには、『法華経』の真実、すなわち本門の肝心である「妙法蓮華経」という妙法五字を受持していなければならない、と日蓮は宣言しているようです。

【三】「妙法蓮華経」という妙法五字が末法時代の人々に差し出されている

『観心本尊抄』の結論が、すこぶる簡潔に述べられています。特に説明するまでもありませんが、「「妙法蓮華経」という妙法五字の中に、この最高真理を包み込み、末法時代に生まれ合わせた、幼く、愚かなわたしたちの頸に、懸けさせてくださった」という表現は、とてもわかりやすく、しかも偉そうに響かず、読む者の心に染みるものがあります。

【著者紹介】
正木　晃（まさき　あきら）
1953年、神奈川県生まれ。筑波大学大学院博士課程修了。専門は宗教学（日本・チベット密教）。特に修行における心身変容や図像表現を研究。
主著に『「ほとけ」論――仏の変容から読み解く仏教』『「空」論――空から読み解く仏教』『お坊さんのための「仏教入門」』『あなたの知らない「仏教」入門』『現代日本語訳 法華経』『現代日本語訳 浄土三部経』『現代日本語訳 日蓮の立正安国論』『現代日本語訳 空海の秘蔵宝鑰』『再興！ 日本仏教』『カラーリング・マンダラ』（いずれも春秋社）、『密教』（講談社）、『マンダラを生きる』（角川文庫）、訳書に『マンダラ塗り絵』『世界のマンダラ塗り絵100』（春秋社）など、多数の著書がある。

現代日本語訳　日蓮の観心本尊抄

2023年7月20日　第1刷発行

著　　者　正木　晃
発 行 者　小林公二
発 行 所　株式会社 春秋社
〒101-0021　東京都千代田区外神田2-18-6
電話　03-3255-9611（営業）
　　　03-3255-9614（編集）
振替　00180-6-24861
https://www.shunjusha.co.jp/
装 幀 者　河村　誠
印刷・製本　萩原印刷株式会社

ISBN978-4-393-17376-3　　定価はカバー等に表示してあります